THE SMART CLASSROOM MANAGEMENT WAY

课堂管理的68个细节

[美] 迈克尔·林辛（Michael Linsin） 著 谢怀栋 译

10 YEARS OF WRITING FROM THE TOP CLASSROOM MANAGEMENT BLOG IN THE WORLD

中国青年出版社

图书在版编目（CIP）数据

课堂管理的68个细节/（美）迈克尔·林辛著；谢怀栋译. —北京：中国青年出版社，2024.2

书名原文：The Smart Classroom Management Way: 10 Years of Writing From the Top Classroom Management Blog in the World

ISBN 978-7-5153-7126-9

Ⅰ. ①课… Ⅱ. ①迈… ②谢… Ⅲ. ①课堂教学—教学管理 Ⅳ. ①G424.21

中国国家版本馆CIP数据核字（2024）第013410号

课堂管理的68个细节

作　　者：［美］迈克尔·林辛
译　　者：谢怀栋
责任编辑：肖妩嫔
文字编辑：黄　婧
美术编辑：张　艳
出　　版：中国青年出版社
发　　行：北京中青文文化传媒有限公司
电　　话：010-65511272 / 65516873
公司网址：www.cyb.com.cn
购书网址：zqwts.tmall.com
印　　刷：大厂回族自治县益利印刷有限公司
版　　次：2024年2月第1版
印　　次：2024年2月第1次印刷
开　　本：787mm × 1092mm　1/16
字　　数：98千字
印　　张：14.5
京权图字：01-2022-5520
书　　号：ISBN 978-7-5153-7126-9
定　　价：49.90元

目 录

前言

2009年，我创建了一个名为“智慧班级管理”（Smart Classroom Management，SCM）的博客，因为我感觉这是我必须要做的一件事情。诚然，在此之前的18年里，我一直专注于尝试并完善自己的班级管理策略，提炼其中的精髓，总结出统一的方法。在我职业生涯的某个时刻，我感觉时机已然成熟，深信所有教师都可以采用我手里的这套简单的管理方法，复制我的成功。

那时，我在一所特别具有挑战性的学校工作。面对各种学生行为问题，我的同事们顶着巨大的压力，感到心力交瘁，忙得不可开交。然而，我的学生很快乐，学习也很用功。他们思想成熟，行为表现良好。我也乐在其中，我每天都迫不及待地想赶往学校，下午放学后，也多半是第一个离开校园的教师。我感觉自己好像找到了轻松的赚钱秘诀，我一定要将其公之于众。因此，在2009年5月25日，我在smartclassroommanagement.com网站上发布了自己的第一篇文章。

在此以后几年时间里，我写了500多篇文章、3本电子指南和5本书籍，包括本书的前身《课堂管理方法》（*The Classroom Management Secret*）。博客的订阅用户已经超过12.5万人，我也收到了数千封讲述教育成功案例的邮件。早在2009年，在我撰写第一篇文章时，我就在想，总有一天我要把最好的策略（即那些最能引起读者共鸣、对学生行为产生最大影响的策略）整理成册。

一年多以前，当我第一次开始整理这本书时，对我来说，很重要的一点是，本书并不仅仅是热门文章的随机组合（其中一些已经通过社交媒体分享了10余万次），而是一部综合性作品，涵盖了智慧班级管理法的所有原则、主题和方法。在几位值得信赖的同事的帮助下，我们终于圆满完成了这项任务。

本书横跨班级管理的6个主要领域，包括所有教师共同关注的、迫在眉睫的问题和难题。智慧班级管理方面的基本主题，包括教师习惯、学生行为、教学指令和内在激励，本书均有涉及，并以其特定的方式贯穿其中。这些主题合并在一起，构成一种简单而独特的班级管理方式，虽然有时会反其道而行之，但人人皆可一试。

需要重点指出的是，当你通读本书，或者浏览自己最感兴趣的文章或部分内容时，你会注意到，其中涉及班级管理方案的运用。请放心，你可以在智慧班级管理博客上找到我推荐的小学和高中的具体方案，以及对中学教师的建议。

在经营智慧班级管理博客的10年时间里，我也在追求自己热爱的教育事业，我很高兴能够与大家分享我自认为最简单且最有效的班级管理方式，将它们应用于现在的学生管理工作，给学生以激励，让他们最大限度地发掘自己的潜能。不论你是初次接触SCM，或是我们忠实的读者，这本书都将点燃你对教学的热情，激发你对课堂的热爱；为你提供所需的教学工具，让你成为学校里最优秀、最快乐、最受欢迎的教师。

Part 1

开学第一天

#1 开学第一天必须要做的6件事

每位教师均有一次机会，采用正确的班级管理法，开启新学年。想要为学生打造最佳的学习体验，你不能顺其自然，不能没有准备，不能没有创意，不能只是自我感觉良好。因为第一印象非常重要，它会持续很久，奠定接下来一整个学年的基调。

第一印象将会为各种教育常规管理奠定基础，比如学生行为、学习习惯、同伴关系等。因此，在开学第一天，你应当让学生知道你对理想课堂的期望，展现出你的为人、你的期待以及成为这个重要班集体的一员意味着什么。你应当激发学生积极进取的热望，或者让他们在走出你的教室时有所改变。

下面6件事将会让你的学生铭记你的开学第一课。你要对此坚定信念，即使过程中可能会有一些小插曲，你也能做得足够精彩。

建立关系

建立融洽关系始于学生看到你的那一刻。面带微笑跟学生打招呼，欢迎他们加入你的班级，成为这个独一无二的班集体的一员。初次见面表现出来的友善、开放和热情会让学生放松下来，并能够即刻激发学生上学的热情，会让学生喜欢来到你的课堂，追随你的脚步。

讲授日常行为规范

在简单的几句介绍之后，向学生传达这样一个信息：你希望从他们早上进入教室开始，就要遵守规则。这是向学生讲授的第一套日常规范，你的讲解要尽可能事无巨细，演示每一个重要步骤。这会提高学生的学习效率，帮助学生在高效的课堂上获得卓越的学业表现。

增添一些乐趣

不论是讲述一些你年轻时的趣事，或者只是你的日常幽默表达，确保学生能够看到并体验到这一点：在你的课堂上也能享受乐趣。这不仅是学生学习的动力、专注力、热情的关键，而且还可以提高你的感召力和影响力。这样，你就可以顺理成章地要求并期待学生努力学习，尊重他人，友善待人。

作出承诺

到现在为止，你的学生已然意识到你的课堂并不是普通的课堂。愉快的学习心态以及内心的跃跃欲试都足以证明这将是一个非凡的学年。学生现在已经有所期待，准备从你那里听到一项重大的承诺，这个承诺将在很大程度上决定你和他们的成功。你要向他们承诺，你会保护你们这个班集体，你会保护他们学习和享受学校生活的权利。

履行承诺

当学生理解了承诺的真正目的（即禁止扰乱课堂、不尊重他人、辱骂同学等）时，你的课堂管理方案就有了全新的意义。这个时候，学生就不会将其视为一种负面的限制，而是将其视为一种对学校保持热爱的方式。跟学生分享你的课堂管理方案，不要表现得冷酷无情而是要以关怀者的身份，表现出对他们受教育权利的足够关心，并坚决捍卫这种权利。在本周剩下的时间里，尽管你将花一部分时间创立并实施你的方案，但是，你必须要在开学第一天详细地概述自己的方案。

一头扎进知识的海洋

开学第一天，让学生沉浸于一堂（或两三堂）富有挑战性的学业课程，从一开始就确定你的课堂是为学习而准备的。但是，要确保课程具有高度的趣味性和参与性，明确你想让学生知道什么和做什么。确保他们能够成功理解并完成你的第一个学业目标，这对于提升他们的学习自信至关重要，也会为他们无止境的进步奠定基础。

总结

虽然上面的6件事不是你开学第一天要做的全部事项，但它们却是最重要的。然而，由于其重要性，如果你认为必须将其做到完美，那你就错了。

你不需要做到完美，也完全没有必要做到完美。在脑海中演绎一遍当天的教学过程，但也要给自己留点儿空间。允许自己把事情弄得一团糟，允许自己磕磕绊绊地说错话（或者允许自己一不留神将垃圾桶放在了桌子后面）。这个时候你可以停顿一下，考虑一下接下来要说什么。

这样，你就可以正常展现自己超凡的个人魅力，带动学生的情绪。所以，放下一切追求完美的心理压力，不论是自我施加的或他人施加的压力。不要去想“如果……会怎么样”这样的问题，不要带有消极的思想。试着深深地吸一口气，再慢慢地呼气，对所有的压力说拜拜。

#2 如何让开学第一天的课程辅助接下来整个学年的课堂管理

有这样一种策略：在开学第一天就对学生开诚布公地讲明你的课堂管理方式。这种策略几乎不需要任何准备时间，简单直接，也很有趣，具有广泛的参与性。但是它会传递这样一个信息：你的课堂不是普通的课堂，你对学业方面的期望已经有了飞跃式的提升……学生需要走出自己的舒适区了。

开学第一天，你能做的最好的一件事就是，将你的标准设定得远远高于学生惯常的标准。这个标准远远高于你同事的标准，远远超出大多数教师所谓的“高期望”。

好的一面是，你可以在一堂课上实现这一飞跃。一堂课的时间虽然短暂，但你也可以在这样的课堂上重塑学生内心对卓越的深入理解。学生将会毫不犹豫地接受这样一堂课，因为在他们看来，在你的班级、年级以及你所教的学科领域，这种要求司空见惯。

此外，在开学的第一天，你的学生将比一年中任何时候都更愿意接受改变。他们已经做好了重新开始的准备，将过去的错误和失败抛在脑后，翻开新的一页。

你可以这样实施这一策略：以一种高度、细致甚至极致的方式，教授学生一种普通的日常惯例，比如早上进入教室之后要做什么。重新定义遵循教师指导和卓越表现的含义，以这种方式展开教学，同时确保每个学生都能获得成功。

如果做得好，这种对卓越的新定义将会转移到课堂管理的各个领域，包括学生行为和学习动力。这样可以建立一个标准，只要继续保持，就能一直持续下去。在实施这种高门槛的策略时，你需要让学生在大脑中创建一张记忆地图，确保他们每一天早上都知道需要具体做些什么。方式如下：

教师来示范

借用一个学生的背包，假装自己是班里的一员，按照你对学生的期望完成早上的日常规范。当你按照自己的期望（即希望学生进入教室需要完成的事项）向学生示范时，要简便易行，且保持专注。

包括如何挂背包和外套，查阅邮箱，整理个人物品，展示或上交家庭作业，以及问候同桌或查看每天的日程安排。明智的做法是添加细节，而不是过于简化流程。

挑战是有益的，将会使学生集中注意力，强化记忆，让他们从进门的那一刻就保持专注，向着目标努力。将日常规范拓展至具体的要点，学生走进教室，面向教师，做好了听课的准备。

具体明确且运行良好的日常规范能够驱散早晨的负面状态，如冷漠、易怒、困倦、迷糊等，确保学生以平和的状态开始新的一天的学习。同时，还可以节省时间，让你成为一个真正的教师，而不是事无巨细的管理者。

学生来示范

在你进行了两次示范之后，询问学生是否还有不清楚的地方，并选出一名学生进行示范。让学生模仿你的行为和动作，甚至可以模仿你专注的神情。

在学生完成后，表扬他们的出色表现。记住，在学生第一次学习某些东西时，表扬不但是非常有效的，而且也是非常值得的。通过表扬，可以提供反馈意见，进一步表达你的期望。找一名学生来示范，会让其他学生想象着自己也在跟着一起做。学生示范也证明了他们是能够做到的，而且还可以做得非常好。

如果学生的某一个步骤偏离了最初的教学指令，你可以就此指出来，重教一遍，并让学生跟着再做一遍。最小的细节可以发挥最大的功效。如果一切顺利，你会感到很欣慰。

更多学生来示范

现在请更多的学生在全班面前逐个进行示范。在学生进行逐个示范时，跟随学生的脚步，对其表示肯定。使用纸张、书籍、雨伞、笔记本电脑和毛衣作为示范的道具，尽可能真实地再现真实的场景。同样，如果有学生偷懒，省略了一些步骤，让他们从头再来。要有这样一种思维模式：对于一种具体的日常惯例，你只教一遍，那就好好教吧。做好了，就会为接下来所有日常惯例打下基础，也会为学生行为和学业表现定下基调。

然而，这并不意味着你要成为一名刻薄鬼。确保你的教学充满乐趣和自信。如果你像一名顽固的老足球教练一样去训练学生，那么日常惯例就会变得很枯燥。

全体学生来示范

首先要确信你的学生可以单独完成这个过程，然后让全班同学背着背包出去，同时进行某一日常规范的实践。当学生来回穿梭，去挂帽子或在绕着课桌移动时，跟他们强调要礼貌待人。在开场白中，学生要经常使用“早上好”“请”“不好意思”等礼貌用语。

在这个时候，你唯一要做的就是观察，尽可能少说话。不要急着跟学生解释你的教学规范，那样只会削弱而不是提升学生的表现，会让他们对你产生依赖。让他们自己去做吧。给他们一个成长和考验自己的机会，培养他们的自信心和能力。

当学生完成示范时，如果他们做对了，一定要告诉他们做得很完美，无可挑剔。很多教师都不敢这么做。根据以往的经验，这些教师认为没有人会完成整个示范过程，而且学生总是需要学习更多的东西。然而，事实并非如此。一旦学生证明了他们能做好这件事，那么一定要给予他们肯定。

虽然你想让学生一直坚持练习，直到他们做对为止，但是，先休息一下，在当天晚些时候或者第二天再来一次也是可以的。毕竟，“重复”并不是一个贬义词。

总结

在开学的第一天，将一种非常细致的日常规范尽善尽美地教授给学生，这是你能做的最好的事情，可以确保接下来整个学年学生都明白什么行为是好的。这可以为一切日常惯例、课程和活动设定标准，也提高了从平庸到卓越的门槛。

开学第一天的课程也传达了这样一个信息：你的课堂与众不同且充满新意，这会极大地点燃学生的学习热情，让他们去倾听、学习和表现，喜欢成为你班级的一分子。

你可以拥有梦寐以求的理想课堂。这是一种绝佳的教学体验，正如你当初决定从教时预想的那般美妙。理想课堂从这里开始，从现在开始，从这简单的20分钟课堂内容开始。

#3 "一秒策略"如何激励学生

多年以来，在我教室的门上贴着一张海报，上面写着“今天要像冠军一样学习”。每个学生进入教室时，都要用手轻拍一下这张海报。在外人看来，这可能是一种愚蠢的仪式，有些做作，并没有什么作用。

实际上，我认为这是一个重要的激励工具。诚然，这张海报本身并没有什么意义，它只是一张12英寸 × 18英寸的自制长方形塑封硬纸板。但是，轻拍海报这个动作以及伸出手来拍一下的决定，正是其魔力。

正是这一行动背后的意义让这张海报发挥作用。轻拍海报是对你本人、你的课程以及你创建的学习环境表示赞同的一种方式。这是在学生进入教室之前保持课堂专注力的一种肢体表达。

这也是一种提醒：期望学生努力学习，好好表现，礼貌待人。然而，你不能只是将海报随意地贴在了门上，什么也不做，就期望它能发挥作用。你必须要明确它的意义。在开学第一周，你必须要带学生走出教室，示范你期望他们如何进入教室，同时解释轻拍海报表示他们认同以下三件事情：

a. 尽自己最大努力；

b. 展现出最佳状态；

c. 表现出积极态度。

请注意，这些并非规则，而是一套原则，定义了你想要创建的学习文化。当学生轻拍海报时，他们实际上是在对这种文化表示认同。

此外，轻拍海报会拨动学生内心的“开关”，提示他们该进入学习状态了，消极、懒惰、幼稚等思想必须留在门外。所以，当他们进入你的教室时，就已经做好了学习的准备。

当学生决定做出轻拍海报的动作时，他们也就做出了承诺，责任感也会油然而生，正是这种承诺和责任感引发了巴甫洛夫式的反应。那么，如果他们不轻拍海报，会怎么样呢？如果他们走进教室时连海报都不看一眼，会怎么样呢？什么事情也没有。因为这完全是他们自己的选择。如若不然，如果你强迫学生轻拍海报或盯着海报去看，海报就会失去它的魔力，也没有任何意义了。然而，关键在于只要你的学生喜欢上你的课，他们就会热情地参与其中，并逐渐形成一种习惯。

你可能会这样想：好吧，或许有些教师可以从中受益，但是我所在学校的学生都已经麻木不仁了。在我看来，情况并非如此。实际上，学校的学生越难教育，这种策略就越有效。

俄克拉荷马大学的橄榄球队的成员在进入球场时，球员们会拍打一下海报，鼓舞士气，我们轻拍海报的创意就来源于此。如果85个不同背景的年轻人都能加入其中，那么你班里的学生也可以。

需要注意的是，海报并非灵丹妙药。就其本身而言，它不能成就或毁掉你的课堂。它只是一种营造快乐良好的学习环境的策略。这一策略有助于确保你的课堂有一个良好的开端。在学生进入教室前，他们会拍海报，并许下承诺。这种行为会逐渐成为一种习惯，延续到之后的每一天中。

#4 如何在开学第一天与学生建立良好关系

许多教学策略是为了创建学生喜爱参与的课堂，建立良好关系就是其中一种。为什么建立良好关系如此重要呢？因为当学生对你的课堂充满期待时，一切都会变得轻松起来。从行为表现到注意力，再到学习习惯，课堂管理的各个方面都能得到改善。

但你必须在开学第一天就着手建立良好关系。必须在学生求知心切且乐于接受时开始，必须在学生进入教室时开始。方式如下：

打招呼

站在教室门口，在学生进入教室时，亲自跟每一位学生打招呼。看着他们的眼睛，询问他们的姓名，并做自我介绍。这几分钟是很值得的。这种给予、尊重的姿态可以产生立竿见影的效果，并促使他们立马带着尊重和善意回应你。

微笑

经常有人建议在开学第一个月教师一定要不苟言笑，这简直是一派胡言。事实上，开学第一天就毫不掩饰地以微笑示人，是一种建立友好关系的良策。它可以让你立刻充满魅力，学生也会感觉到轻松自在。

分享趣事

在开学的第一天，让学生看到你是一个真实的人，而不是一个毫无感情的机器。一个简单快捷的方法就是分享你的童年故事，选一些有意思或有趣的事情，也许是你自己第一天上学的经历。这是建立良好关系的最快方式。

保持幽默

不要误解，你不需要讲滑稽的笑话，也不需要让学生笑得直拍大腿。你只需要和新班级一起分享欢笑就可以了。幽默无处不在，自然的幽默可以大大增强你的亲和力，会让你的学生想要了解你，听你说话。不仅能让你对他们的极高期望变得更切实际，而且还能调动学生的积极性。

作出承诺

我们已经讨论了承诺遵循课堂管理方案的重要性。但是，你还要向学生保证你是一个始终如一的人。所以，在你上第一堂课的时候，直截了当地跟学生说明这一点。保证你以后不会对他们大喊大叫，这是一个简单的声明，但对学生而言，这是一种强有力的保证。

总结

上面提到的建立良好关系的策略都很简单，但如果只是摆出一些小小的姿态，那这些策略几乎无法发挥很大的作用。**但是，结合整洁的教室环境和详细的规则和规范的讲授，这些策略可以为我们的课堂带来潜移默化的改变。**

它们可以带来一定的影响，发挥重要作用，即刻增强你的亲和力和领导力；让学生重视你设定的边界，严格遵守行为规则；建立一种直接的师生关系，产生信任和尊重，并让你的学生充满信心，坚信有你掌控全局，一切皆有可能。

在你的学生走出教室后，他们会兴奋地告诉父母，他们是多么喜爱新老师，迫不及待地想第二天去学校。你只需要微笑和挥手。当你在开学第一天上完课时，你就能舒一口气，平静地享受这一刻的胜利。因为你刚刚为你有史以来最好的学年奠定了基调。

#5 为什么不能让学生决定课堂规则

有的教师会让学生制定课堂规则，这是一种常见的教学策略。乍一看，这似乎是一个不错的选择。但是通过对有效课堂管理的原因和方法的深入研究，你会发现这是一个错误。

这种策略的理念是指导学生按照教师的设想构建课堂规则，培养他们的主人翁意识。如果你把课堂结构的这一重要部分交给学生，他们就更有可能接受你设定的课堂管理方案，更有可能感受到自身的责任，不太可能对自己制定的规则不屑一顾、拒绝或抱怨。所以，学生都很喜欢这种方式。

然而，这种策略的问题在于，它可能会削弱你的领导力。对学生如何看待你个人以及你为人师长的身份都会产生负面的影响。在确定课堂方向时，如果你传递出你与学生之间是伙伴关系这样一种信息，不论采用怎样的方式，都会削弱你的权威。

他们会认为你是一个不自信的领导者，不知道哪种方式对学生及其学业来说是最好的；在他们看来，你的立场不够坚定，对于你的建议，他们可以接受，也可以拒绝。这反过来又会大大增加规则执行的难度。对于判定学生的行为是否符合规则，又将徒增许多无意义的争论。

在教师对学生实施“自我反省”（time-out）惩戒时，学生可能不愿意服从或直接拒绝，而不是承认自己的错误。学生可能更不愿承担责任，在你要求他们承担责任时，他们更可能闹情绪，抱怨或责怪教师。

让学生参与本应由教师决定的课堂规则的制定，无形中让学生误以为一切都是可以商量的，这就打开了争论的阀门。如果学生将教师视为伙伴，对于那些难管教的学生来说，问题的弊端会尤其明显，他们很快就会找到课堂规则的漏洞，进而钻空子。如果你不能从一开始就明确确立自己的领导地位，他们就会想方设法地从你手中夺取控制权。

如果学生信任教师能够掌控整个课堂，有能力稳定课堂的气氛和基调，让学生放松下来，那么学生就会享受学校生活，专心学习。当然，这并不是说永远不应该赋予学生做决定的机会。对于那些与课程或课堂管理无关的事项，你仍然可以让学生投票表决，以此鼓励培养他们的主人翁意识。例如：

你们想玩哪个数学游戏，这个还是那个？

你们想在什么时候做展示报告，午饭前还是午饭后？

你们想在哪里上课，室内还是在室外的草地上？

将选择权交给学生，让他们做出决定，并不会影响你的教师角色和地位。实际上，你和你的学生各自肩负着截然不同的职责。如果教师和学生的职责交错混杂，就会出现大大小小的问题。

设定好了规则，就要坚守底线，绝不妥协；明确告诉学生，这样做的目的是保护他们学习和享受学校生活的权利；这样，你就可以将自己塑造成富有同理心的领导者，始终将学生的利益放在首位。在学生心目中，你就是一个值得追随的领导者。

#6 如何在整个学年始终保持一致

保持一致可以营造广阔的自由空间。因为如果你始终如一地贯彻自己的课堂管理方案，就能消除很多猜疑，就可以毫无压力地教育、纠正和说服学生好好表现，争执和怨恨也将不复存在。

新学年伊始，很多教师就下定决心，保持课堂管理的一致性，这是一种普遍现象。但在教学进程中的某个时候，他们却迷失了方向。有些事情可能会分散他们的注意力，导致他们忽略学生轻微的不当行为。为了赶时间，他们可能假装没有看到。他们会认为学生的不当行为是针对教师个人的行为，对此非常生气，继而严厉斥责学生。

不久之后，他们执行规则的依据就是学生的情绪、具体哪个学生或不当行为的严重程度，而非最初的课堂管理方案。这样会产生更多的猜忌和敌意，导致越来越多的不当行为。

不幸的是，从这个滑溜溜的“斜坡”滑下去太容易了，而想要走回来时的路却是难上加难。

然而，你可以在开学的第一天做一件简单的事情，确保你在整个学年保持一致。这是一种策略，可以让你自然而然地（甚至毫不费力地）实施课堂管理方案。这是一种下意识的反应，就像听到期盼已久的客人敲门，我们去开门一样；或是听到电话铃声响起，我们去接电话一样。

教师作出承诺

开学第一天，在第一个小时内，你要作出一个绝不反悔的承诺。你要向全班学生承诺，你将严格按照书面要求，执行课堂管理方案。不容许出现任何例外情况。

当你介绍自己的课堂管理方案时，你要作出这一承诺；在随后的每一节课上，当你教授、示范和践行具体规则或惩戒方案时，要重复这一承诺。**“我承诺，每当有人违反规则时，我都会严格执行我的课堂管理方案，保护你们学习和享受学校生活的权利。”**停顿一下，看着他们的眼睛，然后再重申一遍。每天都坚持说这句话，直至让其成为你的一种习惯，直至学生们相信你的确是一个言而有信的人。

学生作出承诺

教师很快就会要求学生就自身行为作出承诺，甚至要求他们将承诺写下来，并署上自己的名字。

但真正的效果源自教师作出的承诺。因为当你公开表明自己的意图并作出承诺时，你就具备了足够强大的心理素质，会实事求是地坚守承诺，即便有时候不太方便，即便有时候你很赶时间，即便“世纪风暴”在你的教室门外肆虐。

让自己受到关注，并对自己承诺的事情负责，你就很容易保持一致性。用不了多久，你就会成为学生可以信任和依靠的人，也许这是他们人生中第一次信任或依靠他人。你会成为一个值得尊敬和追随的人。

所以，你要全力以赴。在你见到你的新班级的第一刻，就明确这一点。这样，你可以永远保证自己面临适度的压力，去兑现自己的承诺，去做正确的事情，保证学生获得最佳的学习体验……

#7 为什么你要在开学的前几周放缓节奏

无论你从同事那里听到了什么，无论他们说已经进行了多少课程内容的学习，或者他们如何组织学生进行小组合作，或者已经进行了几轮小组轮换，都要抵挡住诱惑，不要盲目跟风。不要火急火燎地向前赶进度，不要和别人攀比或进行自我评判，看到别人正在做什么，也不要有太大压力。

因为在短短的几周时间内，你的同事们就会抱怨各种问题，如课堂管理压力过大，学生调皮捣蛋，教学进度滞后等。

看吧，第一时间做好课堂管理是有好处的。保持从容不迫的心态，事无巨细地向学生讲明各种注意事项，让他们在你的课堂上礼貌待人，积极进取，贡献自己的力量，这一切都是值得的。

一开始，你的学生渴望取得好成绩，可能掩盖了这样一个事实：他们没有做好全力以赴的准备，还没有充分做好升入新年级的准备，也没有准备好迎接你对他们的极高期望。这就是为什么即便你详细地教授、示范和演练你的日常规范，你也会惊讶地发现，他们的实际表现是多么的糟糕。

例如，当你要带学生去吃午饭时，你要保持平静的心态，迈着轻快的步伐离开教室。当你快要走到餐厅时，你的学生会完全按照之前的示范排队行进。对于学生如此出色的表现，你会感到无比的开心。但是，出乎意料的是，其他班级的学生这时也来到了餐厅。这个时候场面一度失控。

你会惊愕地看到这样一幅场景：你的学生开始越界，和他们的朋友嬉闹、推搡，呼朋引伴，乱吵乱嚷，严重影响走廊两边教室的正常教学秩序。老实说，学生的这些行为的确令人尴尬。在这种情况下，教师很容易恼火，导致反应过度，质疑自己的课堂管理能力和新班级的潜力。

但你在这两方面都是错的。因为在学年初，偶尔的行为失控也在意料之中。没有哪位教师能逃过最初几周的考验、磨炼或失落。如何应对这种困境是区分优秀教师和普通教师的标准。

当这样的事情发生时，当你在带领学生吃午饭的路上遇到了如此糟糕的时刻，或者在大声朗读时出现了意外，或者在去休息的路上所有学生都跑掉了，这并不等同于世界末日。这并不意味着这是一个糟糕的班级，也不能表明你不是一个好教师；而且，这也不意味着你要放弃自己对卓越的期望，或降低你所知道的对他们和他们的未来最有利的标准。

相反，当你的学生犯了错误，或者完全无视你的指令时，这是一个向他们展示你说话算数的时机。你可以借此机会，向学生证明你是一个值得追随的领导者。你可以后退一步，深呼吸，把事情做好。一旦你让学生相信你是一个言出必行的人，一切都会变得容易起来。

所以，要慢下来，放缓节奏。向他们展示你希望他们如何听从指令、下课休息、上交作业、小组合作、询问问题、排队吃午饭，甚至如何玩得开心。

如果你心情不好，学生没有达到你的标准，你要保持冷静，仔细观察，等到你能和学生单独相处时，再告诉他们你看到了什么，以及如何才能达到你的标准。

#8 如何应对一个从一开始就充满挑战的班级

你满怀希望地开启了新的学年。但是，刚给学生讲完课堂管理规划，不到一个小时，你的学生就开始调皮捣蛋了。他们未经允许就离开座位。他们高声叫喊，咯咯傻笑，无视你的指令。

这种场景的确令人恼怒，让人自然而然地感到挫败。这个时候，教师很自然地会感觉自己讲得不够清楚，或者在示范时没有给出足够的细节，或者你的沟通交流没有足够的说服力。虽然以上这些顾虑可能是影响学生对行为期望做出如此反应的重要因素，但这并不意味着一切期望都会落空。在你第一次介绍课堂管理方案时，这种情况是很正常的。在一些学校，对一些学生来说，无论你将课堂管理方案讲解得多么透彻，都会发生上面的事情，一切都在意料之中。

所以，如果这种事情发生在你身上，你没有必要恐慌。事实上，你的第一反应应该是什么都不做。不要介入并试图阻止他们的不当行为。不要大吼大叫或表现出自己的恼怒。不要强行实施惩戒。你就在那儿等着，深呼吸，仔细观察，因为你有能力解决这个问题。

值得一提的是，学生的行为从一开始就很糟糕，这并不意味着接下来一整个学年都会很糟糕。这只意味着你的学生不相信你真的会说到做到。或许是因为你是一名新教师或者在一所新学校从教。或许他们以前的教师管理课堂的能力很差，不能够保持课堂管理的一致性。或许是你有些紧张，有些犹豫不决，不太自信。这些细节，你的学生都能感觉得到。不管怎样，所有这些都不能预言接下来的整个学年困难重重，或课堂管理很难有起色。这也没有什么值得过分担心的。**重要的是你会对此做出怎样的反应。**

大多数教师会尽可能快地实施惩戒，但法不责众。如果有很大一批学生不遵守纪律，就不适合立马实施惩戒，因为有可能会导致学生群情激愤，做出无礼的反应。这也会给你带来巨大的压力，让你和新班级产生积怨。怒火中烧或者耿耿于怀同样不可取，这两种情绪会严重削弱你重新掌握班级活动权柄规范学生的行为的能力。

千万不能那样。最好的做法是保持冷静，仔细观察。让学生注意到你的冷静，你只需要静静地等待，停顿几分钟的时间。这个时候，学生十有八九会安静下来，听你的安排。然而，如果他们不能安静下来，执意要继续捣乱，那就以冷静而友好的语气，把他们赶回座位，同时反复要求保持安静，集中精力。

这一管理思想旨在温和地引导学生从混乱兴奋的状态转向平静愉快的状态。你要让自己的声音保持平稳柔和。继续使用这种引导和要求的方式，直到学生大体能够安静下来，看向教师这边。这个时候，无须任何解释，你要立即重新向学生讲解自己的课堂管理方案，就像第一次上课一样。

如果有学生抱怨，不要理会。你作为班级领导者，不要参与任何与这一话题相关的讨论或辩论。你的课堂管理方案及其相关的规则和惩戒措施，都是不容商榷的。

但这一次，当你重申自己的课堂管理方案时，必须表现出更大的勇气和决心，增加细节阐述，保持清晰的思路，投入强烈的情感。

毕竟，这是你的职业，你将在接下来的9个月里与这个班的学生一起度过。所以，在讲解你的课堂管理方案时，要让每个学生知道，你不是普通的教师，你的课堂也不是普通的课堂。消除一切幻想，任何人违反了课堂纪律，都要承担相应的责任。

向学生示范、演示并强烈地表达出学生违反规则的样子和感受。让他们设身处地地想象一下这种经历。让你的学生详细了解一个调皮捣蛋的学生被惩戒的过程，即从一开始被警告到最后被叫家长的全过程。内容讲解要事无巨细，面面俱到，决不留下任何漏洞，不容许有任何误解。**因为你讲解课堂管理方案的方式很重要。**

你决不能怯场或顾虑重重。优秀的课堂管理者（尤其是当你面对一个难管的班级时）需要勇气。如果你感觉不自信，心跳加速，手心冒汗，那也要假装镇定。假装你有足够的能力和自信，去打造自己心目中理想的班级。相信自己！坚定信念！踏出勇敢的一步，学生就会有所回应。

通过提问、练习或角色扮演（根据年级的不同予以调整）检查学生的理解程度，之后，你就可以开始让学生对自己的行为负责了。然而，如果几天之后，这种情况再次发生，即相当一部分学生又开始调皮捣蛋，你感觉好像又失控了。那么，这时候，就取消你已经规划好的任何课程或活动，重新开始讲解你的课堂管理方案。如果有必要，可以再讲解一次，直至学生“听懂”为止。坚持不懈地讲解，直到学生明白反抗是徒劳的，直到他们迫不及待地想向你展示其能做到多好。成为他们需要的教师，他们也会成为你理想中的学生。

#9 为什么你应该在开学第一周忽视问题学生

这里并不是说你要忽视他们的问题行为。只是……好吧，让我们稍微回顾一下前面的内容。当你第一次收到新学年的学生名册时，想要了解新班级的情况是很正常的。去找低年级的教师打听一下情况，看一看你班里有没有问题比较大的学生，也是很正常的事情。这不一定算是坏事。但是，如果这样做，你可能会触发问题学生的不当行为，可能会导致一些问题学生旧态复萌，重新回到他们上一学年努力克服的坏习惯当中。

看吧，如果教师提前知道哪些学生有捣乱的倾向，肯定会尽力将其扼杀在萌芽中。这些教师会想方设法，防止这些学生酿成大错。所以，他们会让这些学生坐在靠前的位置。他们会将问题学生拉到一边，进行劝勉谈话，对其提出提醒或警告。他们会尽量“抓现行”，在问题学生旁边来回走动，以示威慑。

但这种预防方式实际上是在传递这样一个信息：与去年或前年相比，这些学生没有任何变化。很多教师都采用过同样的策略。然而，并没有什么效果，这些学生会继续扰乱课堂秩序。他们仍然会犯浑，大声争吵，追逐打闹，课上随意离开座位，四处走动。因为有了额外的关注，尤其是开学第一周，对这些学生来说，他们拥有了特殊的标签。

这是在大声地告诉他们，他们和其他学生不一样，他们不够优秀，不能控制自己，他们需要特别的关注。**实际上，标签对个人行为有着深远的影响，其影响力超过任何其他课堂可变因素。**它会加深对问题学生的刻板印象，即认为“行为问题”是他们自身的一部分，就像他们眼睛的颜色或鞋子的尺码一样。

所以，在开学第一天，当他们发现被安排坐在教室靠前的位置时，当他们发现受到你频繁且密切的关注时，当他们被要求坐在班上表现最好的学生后面时……他们的心情就会很低落。因为他们知道，无论怎样，即便是新学年、新班级、新教师，他们仍摆脱不了自己的“命运”。于是，只能听天由命，无奈地耸一耸肩，做出的行为表现恰好就是你意料中的样子。你对他们的预言都得到了验证，于是他们成了真正的问题学生。这种结果着实令人感到难过且悲哀。然而，这种剧情在世界各地的教室里反复上演，学生最后的表现都和之前所预见的一样糟糕。

从新学年开始的那一刻起，在那些少数“声名狼藉”的学生面前，如果你的行为有任何异常，他们会立马察觉。毕竟，他们也在时刻观察你。他们非常熟悉这种套路，也非常清楚这一点，因为他们一直在承受这种偏见。所以，你应该怎么去做呢？你要一视同仁，要像对待其他学生一样对待他们，带着善意、幽默和尊重。

不要刻意而为之。不要特意让他们坐在教室靠前的位置。不要把他们拉到一边，刻意提醒他们，进行不合时宜的表扬或警告，或者对他们说“如果我是你，我会……”或其他此类教条式的说教。

给他们做得好的机会，通过交流，向他们展示你对他们的信任，就像你对其他学生一样。让他们看到希望，相信这个学年有所不同，那些让他们不堪重负的“问题行为”标签正在渐行渐远。他们会抬起头来与你对视，他们的表情也会变得柔和起来。他们的呼吸会加深，他们如释重负，就像夏日一场大雨过后神清气爽的感觉。

再次重申，这并不意味着你要忽视他们的不当行为。你仍将严格执行自己的课堂管理方案。如果他们犯了错误，你仍然会追究他们的责任，就像对待班里其他任何学生一样，一碗水端平。

你要给那些厌学的学生一个机会，他们也在处处提防着教师。既然你在他们身上看到了潜力，那就给他们一个新的开始，相信他们会做好。

#10 如何提升课堂管理水平

卓越课堂管理的秘诀之一是高瞻远瞩。对于自己理想中的课堂、学生和职业生涯的样子，要坚守底线，绝不妥协。不管你在哪里教学，也不管你面对的是怎样的学生群体，只要你拥有美好的愿景与合适的教学工具就可以打造自己心目中的理想班级。你可以营造一个安静的教室，一个安全的避风港，一个学习的避难所。

但是你绝对不能将就，不能只是希望将教室封闭起来，不能只是希望“略有起色”。有效的课堂管理并非如此。为了打造自己理想中的良好班级，你每天必须督促学生积极进取。实现这一目的，有一种简单的策略，我称之为“记录清单”。

其操作方式如下：制作简单的每日清单，在上面记录行为规范、良好行为，以及需要改进的地方。从逻辑上讲，我建议你可以将带夹写字板利用起来，在上面另放一张纸。

在这页纸的上半部分，记录进展顺利的事项。换句话说，教师的哪些期望被完全达到了？所以，如果你的学生在阅读分享会中全身心投入，或者在课上注意力非常集中，那么就把这一点记录下来。

在这页纸的下半部分，记录学生不能达到明确预期的所有事项。如果你不得不重新明确一项日常规范或者重新表达一种期望，如果学生课上走神或者没有完全遵从你的指令，就将这些内容添加到下方的列表中。

这不是你必须立马去做的事情。你甚至可以等到一天的工作结束，再去整理清单。但是，第二天你要做的第一件事情就是拿出清单，与学生分享其中的内容。你可以这样说：

> 抓紧时间，我想说你们在昨天的阅读分享会上表现得非常棒。讨论有趣且深入。我听到了一些不错的观点。所有人都全程参与。而且，你们在科学课上的专注度也特别好。这是我所期望的最佳表现。干得太棒了！

然后开始公布后半页清单的内容：

> 我们还有一些需要改进的地方……昨天，当我发出排队吃午饭的指令时，发生了一些碰撞和推搡，为此，我们不得不重申指令。今天，我希望你们能将这件事情做好。有人在自习时间交头接耳，这些学生受到了惩戒。今天，让我们确保每个人都有机会，不受外界的干扰，专心学习。

就是这样，非常简单。你无须给学生上一堂说教课，不用威胁他们或假装很失望的样子。除了直言不讳的事实真相，无须过分赞扬，大声叫嚷，或做其他任何事情。你所做的就是提供自己对学生行为的反馈。

坦率且真诚地让学生知道其真实的表现以及他们的确按照你的要求去做了，这种反馈方式是有效课堂管理的关键。遗憾的是，很多人都不知道这一点。

这种方式有效，是因为它强化了学生对管理标准的理解。它进一步照亮了正确的行为之道，让他们每天都能据此有所改进。它会让你的班级越来越接近你的理想型——直到清单下半部分的内容消失殆尽。

清单策略是一种看得见摸得着的管理方式，可以帮助你有针对性地向学生传达你的期望，让他们知道如何成为一名优秀的学生以及卓越的课堂是什么样子的。把事情做好，看到进步的迹象，每天因追求卓越而变得更好，可以给学生带来一种自豪感。无论你班里的学生是何种类型，或者他们的厌学情绪有多么的严重，这种做法都可以给他们带来无穷的动力。这是一种内在且纯粹的动力，可以让学生浑身充满干劲儿，火力全开，全速前进。

Part 2

学生责任

#11 不追究学生的责任，可取吗

所以，我做了这样一个实验。是时候与你们分享一下了。事情是这样的：

那是我比较喜欢的一个班级，我当时已经带了他们半个学期。班里的学生礼貌待人，行为端正，且能够做到独立自主，为自己的行为负责。班级运行进入了“巡航状态”，我感到无比的开心。

但为了让学生学到更多的知识，为了更深入地了解许多教师每天面对的问题，我想尝试一些有趣的教学方式。有一个星期，我决定不再按照自己的课堂管理方案教学。但我只是放弃了原来的方案，并没有改变自己的身份以及与学生互动的方式。我没有大声叫嚷，也没有对学生怒目而视或训斥他们，我只是不再对学生实施惩戒了。

因此，当我在讲课时，如果有几个学生在下面窃窃私语（这是我注意到的第一种不当行为），我只是会暂停讲课，面带微笑，以一种温和的态度制止他们，仅此而已。对于以后冒出的更多的违规行为，我会继续使用这种方式处理。这并不奇怪，一旦不再实施惩戒，出现这种情况是迟早的事儿。

但最让我感到奇怪的是，我和学生的关系很快就发生了变化。到了周三早上，他们对我的好感明显下降了几个层级。他们看我的眼神都不一样了。他们看到我的时候，也不再像从前那样友好或开心了。有些学生和我几乎没有眼神交流，在我讲课或发出教学指令时，几乎所有人的反应都明显变慢了。我开始觉得自己像一个隐形人。

尽管课堂秩序从来没有失控或学生从未表现得过于傲慢无礼，但我能感觉到敌意在慢慢积聚。临近周末的时候，为了吸引学生的注意，我一直在课上尝试使用各种方式，就差跳踢踏舞了。我增加了学生参与课堂的机会，态度也变得更加友好，但是仍然感觉整个班级与我渐行渐远。我眼睁睁地看着自己的个人影响力逐渐变小，个人领导力也在逐渐弱化。

另外，学生也开始表现出沮丧和不满。他们低声抱怨，发出声声叹息，不满情绪笼罩了整个教室。他们上课的热情消退，坐姿也越来越不端正。说实话，我当时是在一所充满挑战的学校工作。显然，单凭我的善意和幽默并不足以阻挡学生行为下滑的趋势。他们需要惩戒的约束。

关于这个实验，我发现一件特别有意思的事情。随着那一周时间的推移，越来越多的学生找到我，问我各种各样的问题，比如“你在做什么？”“你为什么要这样做？”“你还好吗？”到了周五上午，我觉得实验到这个程度已经可以了，就向学生坦白了。不夸张地说，他们松了一口气。许多人听后哈哈大笑，说他们就知道这里边肯定有事儿。有些学生甚至说他们一直担心我的精神出了什么问题。

我先带领学生快速回顾了课堂规则和惩戒方式，并承诺以后再也不会这样做了。之后，一切几乎立马恢复如初，整个课堂再次变得充满活力且井然有序。

那天下午，我让他们写下他们在实验期间的经历，然后以小组的形式分享。这是堂很好的课，让我们明白了坚守边界意识的重要性。不仅在班级里，而且在社会及其个人生活中，也是如此。公平公正且始终如一的课堂管理方案的执行是为了他们，而不是教师，学生们对此有了更加深刻的理解。

这样一个难忘的经历，让他们认识到这样一点：正是这种课堂管理方案确保了他们学习和享受学校生活的权利，保证他们不受外界干扰，专注于自己的学业。他们还认识到，即便是轻微的不当行为，也会对他人以及整个班级的情绪产生深远的影响。

公平的“违者必究”式的惩戒机制是一股巨大的正能量，是创造一个氛围快乐且秩序良好的班级不可或缺的条件。如果你对课堂管理方案没有投入十分的精力，没有恪守其一致性，那么，从今天起，就需要加倍地努力。向学生表明你的立场，对自己和全体学生承诺，你将严格按照制订的规则严格执行课堂管理方案。

#12 实施惩戒时易犯的3种错误

新学年，新气象，你对课堂管理方案的坚持尤为重要，可以帮助你营造理想的学习环境。然而，当你终于完成这个挑战时，很快就会遇到另外一个挑战。

显然，你执行方案的方式在很大程度上决定了其作用的大小。如果方式有误，就可能会抹杀与坚持一致性相关的诸多益处。如果方式正确，一切都会很顺利。下面是教师在实施惩戒时容易犯的3种错误，你要尽量避免。

表现出不悦

当学生调皮捣蛋，尤其是扰乱了正常的课堂秩序时，教师会感到失望或沮丧，这是很正常的事情。但你绝不能表现出来。叹息，怒视，皱眉，诸如此类的行为会产生摩擦和敌意，从而转移对学生及其不当行为的关注，使其成为你们师生之间的个人恩怨。所以，他们非但不会反思自己的问题行为，承担相应的责任，发誓不再犯同样的错误，反而会低声抱怨，生你的气。

等待学生做出回应

另一个常见的错误是实施惩戒后等待学生做出回应。大多数教师之所以这样做，是因为他们希望学生对自己的不当行为做出口头回应。但在大多数情况下，可能会带来巨大的问题。

等待一个解释，或者直接问学生为什么他们要做出不当的行为，这其实是在邀请他们来和你争论。这样就为学生提供可乘之机，让他们为自己的不当行为辩解，将矛头指向其他地方，或者试图说服你，让你相信你刚才看到的不是真的。这会给教师带来巨大的压力，白白浪费时间。

表达自己的意见

最后一个错误通常出现在教师决定送学生去自我反省以及教师去查看正在自我反省的学生时，教师会表达他们对学生的失望，而不是让惩戒发挥作用。他们会告诉学生应该怎么想，以及下一次应该怎样表现。但是，这样做会妨碍学生自己得出这些结论。如果学生能自己悟到这些，这将会是一次强烈的情感体验，也是自我反省的关键。

总结

如何有效地实施惩罚？这其实是一个快速而轻松的过程。当你看到学生做出不当行为时，你要冷静地走近他们，看着他们的眼睛，说出你的台词：“**警告你一次，因为你违反了第二条规则，没有举手就离开了座位。**”然后，转身走开。

当学生做出不当行为时，你唯一要做的就是告知详情。这既可以让学生对他们的行为负责，又不会扰乱课堂秩序。你允许他们反思自己的错误，并承担相应的责任，赋予他们自主学习和成长的权利，他们就会知错能改，越做越好。

#13 为什么你不应因少数人的行为而惩罚整个班级

一位朋友给我发邮件，讲述了他儿子开学第一周的故事。孩子的一些同学调皮捣蛋，作为惩罚，他们的教师罚全班同学留堂。这是一种常见的惩罚方式。经常有教师问我，他们是否可以采用同样的惩罚方式。乍一看，这个问题有些奇怪，但答案却很明显。罚全班学生留堂，扣他们的分数，或要求他们安静地上自习，确实能让不守规矩的学生暂时安分下来。这是一种能让全班安静下来的可靠方法，给了教师一个亟须的喘息之机，让他们在下一节课表现得更加从容一些。

但这种策略的问题在于，它会让那些表现良好的学生疏远你。

我朋友的儿子放学回家，对此非常生气，同时也很疑惑。这种惩罚方式对他来说毫无意义。他没有做错什么事情，为什么要被罚留堂呢？这究竟是为什么？

从上幼儿园开始，学生就有强烈的公平意识。尽管他们可能不会总是向你表达他们的不满，但他们肯定会在吃饭时发牢骚。几乎可以肯定，因少数人的行为惩罚整个班级，会让学生产生怨恨情绪，损害你作为教师的威严。

那么，遇到这种情况，我建议让学生按照日常规范重做一遍。让全班学生重复日常规范不也是一种惩戒全班学生的方式吗？当然是。然而，这两种惩戒方式之间有明显的区别。首先，如果只是个别学生的问题，绝对不能让全班学生按照日常规范重做一遍。这强调了严格遵守所有规范的重要性，以及快速实施惩戒的重要性。仅此一点就几乎可以限定这种惩戒方式面向1—2名学生。

其次，当你让全班学生按照日常规范重做一遍时，是因为全班学生没有遵守规范，是因为他们不相信你如此明确地教授学习日常规范，你是动真格的。根据我29年的教学经验（从幼儿园到高中），几乎每个学生都会做出违反日常规范的行为。虽然我们经常用“重做”这个词，但最好将其看作重新教学。即便你并没有真正地模拟示范，让你的学生向你展示你期望他们做出怎样的行为，这也是一种重新教学的形式。同时这也向学生传达了这样一个信息：你是一个说到做到的人。

最后，当你要求学生重复日常规范时，你并没有剥夺他们任何权利。他们不会错过课间休息，也不会耽误他们吃午饭，更不会在课堂上被扣分。你只是在用具体行动履行自己的诺言，确保他们做出对其自身及其学业最佳的行为。

综上所述，当个别学生出现行为问题时，请按照你的课堂管理方案对其实施惩戒。如果每次出现问题的学生不止一两个，表明你必须要提高警惕，细心观察。当班级整体表现不佳时，让他们按照日常规范再做一遍，作为一种重新教学的形式。这样，你就永远不会被学生疏远，不会引起他们的不满。

#14 为什么你应该直接给出惩戒的决定，而非自由的选择

假设一个叫贾森的学生擅自离开座位，在你的教室里走来走去，而班上其他同学都在自习。他拿着笔敲来敲去，拖着脚走路。虽然他有能力完成作业，但却一直抱怨个不停，说再也不想写作业了。但是这一次，你不是因为他违反班级纪律而简单地对他提出警告，而是与他协商。你为他提供一些选择，劝他不要打扰别人。

嘿，贾森，你不愿意完成全部的作业内容，只是想做几道题吗？

坐在地毯上做作业怎么样？你喜欢吗？

你更想画画而不想写字吗？

你为什么不休息一下呢？

到大厅里散散步，离开教室几分钟怎么样？

你愿意做我的帮手，等一等再做你的作业吗？

你知道上面这些话语是什么意思。这样做的目的是从根本上消除他的不满，用其他选择引诱他，这样他就不会再做出令人讨厌的行为了。只要你做出足够大的妥协（比如，“嘿，你想坐一坐我的椅子吗？”），这招就会管用，就能阻止他扰乱课堂秩序，这是肯定的。那么，有什么理由不让老师青睐这种方式呢？

a. 当你通过降低学习或行为标准来安抚问题学生时，你就是发出了明确的信息：他们可以通过抱怨、捣乱和做出不当行为，来逃避任何他们不喜欢的事情。

b. 提供选择会纵容问题行为、挑衅行为、自私行为等，从而滋生出更多更严重的不当行为。除非你继续不断地为其降低标准，增加选择。

c. 如此轻易地甚至是自愿地做出让步，实际上就是在告诉学生：在你看来，他们无法改变自己的行为。这是一种贴标签的形式，对于那些问题学生来说，这是一种毁灭性的打击。

d. 这是一种来自权威方面的确认，即不当行为不仅是他们所做的事情，而且还是他们自身，就像眼睛的颜色或鞋子的尺寸一样，是他们无法控制的事情。如果不能去掉这个标签，他们的不当行为将年复一年地继续下去。

e. 人们所信奉这样一种观点，即要不惜一切代价阻止一个不安分或顽皮的孩子犯错误。但这不仅没有反映我们生活的真实世界，而且是对"毅力"和"努力"在学业和个人成功中所起关键作用的一种嘲讽。

f. 提供选择可以缓解当下的不良行为，但却无法消除其未来的不当行为。换言之，这种做法治标不治本，以牺牲孩子的未来为代价。

g. 当你为学生找借口、为他们提供逃避方式时，你就限制了他们迎接挑战与克服困难的能力。你是在误导他们，让他们远离成功，而非走向成功。

h. 放学生一马就相当于告诉他们，他们不够优秀或不值得被要求达到更高的标准。与吼叫、讽刺或其他任何会造成身心伤害的方法相比，这种方式会更快且更彻底地剥夺学生的尊严和自信。

i. 不按照课堂规则实施惩戒，出尔反尔，这会引起所有学生的不满和不信任，严重限制你领导班级的能力，也不利于建立有意义、有影响力的师生关系。

j. 用更有吸引力的选择引诱学生，会营造一种特权环境。当学生对教师明确的教学指令或惩戒方式产生不满时，他们会做出强硬的反击。

这种方式可以暂时安抚问题学生，让他们改善目前的行为。但代价却是牺牲他们的未来。这种策略是可耻的，它将谈判的筹码交到了学生的手上，而这些学生显然不知道如何做出对自己最有利的选择。我们的工作是教学生如何克服困难，而不是通过找借口和耍花招逃避困难。

当你为了不让个别学生扰乱课堂秩序，为他们提供了选择时，你减轻了工作量，也推卸了自身责任。无论从哪个角度来讲，你都是在放弃他们；你都是在真真切切地告诉他们，他们不值得你去惩戒。你的妥协、托词或降低……

因此，他们开始怀疑自己的能力，认为自己没有能力改过自新，不能坐在那里认真听讲和安静学习；轻信你在言谈举止间对他们的暗示，认为自己就像跳梁小丑一样，惹人厌恶。这是一件可悲的事情，也有辱学生人格，让他们痛苦不已。你的妥协、托词或降低对他们的期望（却对全班其他学生抱有极高的期望）对他们而言，没有任何帮助。

那么，我们应该采取怎样的应对策略呢？你要严格执行自己的课堂管理方案。你要让他们对自己的行为负责，并且永远信任他们，以此来帮助他们。换言之，不要给他们提供选择，说他们能力不行，而是直接给出惩戒的决定，让他们知道自己可以做到。

#15 为什么“眼神杀”不是一种合适的课堂管理策略

这是一个比较普遍的课堂管理策略。比如，你注意到两个学生在课堂上窃窃私语，咯咯地傻笑，所以，你便走入他们的视野，给他们一个“眼神杀”：你恶狠狠地瞪了他们一眼，用犀利的眼神和紧闭的双唇，表示对他们当前行为的厌恶，他们最好立马停止，否则后果很严重。

此时此刻，或许这种做法真的能够阻止他们继续扰乱你的课堂秩序。然而，这种策略会导致未来产生更多的不当行为。原因如下：

情绪的对立

每当你怒视学生，或试图恐吓他们好好表现时，你正在建立一种对立的师生关系，将其变成一种针对个人的行为。在学生看来，你不仅对他们此刻的行为非常生气，而且私下里对他们也没有好感。

毕竟，看到恶狠狠的目光，人们很自然地会得出这样的结论，尤其是孩子。这会让学生感觉受到了伤害，产生怨恨，最终降低你的影响力，学生不再服从你的管束。

眼神的具体含义

当你使出“眼神杀”时，你没有办法确定学生是否领会到其真正的含义。他们甚至不确定你是对哪种行为感到生气。你的眼神想要表达的意思是“嘿，艾米丽，我之前那样看着你，是因为你没在学习”。然而，更大的可能性是，她们不知道发生了什么事情。

有效的课堂管理要求你与学生进行清楚的交流，直接告诉他们，他们是如何违反课堂规则的，以及需要承担怎样的后果。

言行不一的教师

当你向学生承诺会严格执行自己的课堂管理方案，却没能信守承诺，反而对他们怒目而视时，你就是在传递这样一个信息：你这个人不值得信赖。

此外，使用恐吓手段，不论在当时看起来多么温和，都不算是一种惩戒。这种方式不能让学生为自己的行为负责，或者让他们立誓，保证以后更好地表现，反而会让他们感到愤愤不平，让他们有胆量在你的背后胡作非为。一位值得追随的领导者应该做到言必信，行必果。

总结

我们可以采取多种策略当场制止学生的不当行为，“眼神杀”就是其中的一种，但是这种策略只会让你的课堂管理变得更加困难。不幸的是，许多所谓的教育“专家”都推荐使用这种策略。他们认为这是一个可行的解决方案，因为这确实能让调皮捣蛋的“罗伯特”端正态度。但是，“罗伯特”会因此变得讨厌教师，也会失去学习的动力。

如果你想要创造和睦的学习环境，让自己成为自己心目中的那个催人奋进且有影响力的教师，**你必须能够在不引发冲突的情况下对学生实施惩戒**。你必须按照书面要求，严格执行自己的课堂管理方案，给他们机会，让他们为自己的行为负责，而不是恶狠狠地盯着他们，对他们一通说教或者扣分。

这样，你既可以维系良好的师生关系，又不影响你在学生中的威望与信誉。你创造了一个有意义的课堂，在课堂上，你的学生喜欢成为其中的一部分，你的教学也不会受到任何干扰。

#16 为什么善良是一种强有力的课堂管理策略

始终如一的惩戒机制与善良的天性相结合，可以营造更加友好且愉悦的班级环境。班里的学生会同心协力，自觉抵制班级的不文明、不礼貌的行为。他们会将那些最让你操心的问题学生变成你心目中的好学生。

对许多教师来说，这或许是一个相当惊人的变化，甚至有些令人困惑。“天哪，约书亚现在对我的态度好极了，没想到他也能那么有礼貌。”但根本就不是你想的那样。事实上，这种变化是可以意料到的，这是根植于人性的一种反应。

看吧，当学生受到惩戒时，他们会习惯性地感到愤怒和沮丧。对于教师在实施惩戒时的报复性心理或以牙还牙的态度，他们早已习以为常。或许这是一种很微妙的感觉，但是他们会敏锐地感知到。这种负面情绪会怂恿他们拒绝为自己的不当行为负责，撺掇他们与教师争论，抱怨其他事情，或指责别人。

这是他们展开报复的一种形式。这种反应看似错误或荒谬，甚至有些鲁莽，但是当教师或多或少带着享受或愤怒去实施惩戒时，学生的这种反应是正常的。当教师怒视或训斥学生时，这种反应也很正常。噢！学生也很可能毫无怨言地接受惩戒，但在内心深处他们却拒绝悔改。

但是，如果受学生喜爱且尊敬的教师本着客观公正的原则对其实施惩戒，他们的反应则完全不同。通常情况下，他们会低头看着自己的脚，或者凝视着远方，沉浸在自己的思考中，反思自己的问题行为。他们会接受甚至赞同你的惩戒方式，他们会自然而然地为自己的行为负责，不需要你多费口舌。

如果教师深受学生喜爱，当他们惩戒调皮捣蛋的学生时，这些学生就会反思自身的问题行为，不会去责怪其他任何人或事。这种教师可以帮助学生保持清醒的头脑，诚心诚意地意识到自己的问题行为对他人造成的不良影响。在他们面前，学生会表现得很谦逊，下定决心，不会再犯同样的错误。他们不再想着在你背后调皮捣蛋，而是想方设法讨你的欢心。

本着客观负责的态度，一如既往地坚持按照统一标准对学生实施惩戒，可以对学生产生正面的影响，促使他们改正错误。同时这也在向他们证明，你信守了承诺；你会支持他们，你非常关心他们的学习以及享受学校生活的权利；你对他们实施惩戒纯粹是出于对他们的关爱，你是一个值得追随的领导者。

#17 制止窃窃私语的简单方法

学生在课上窃窃私语是一件非常讨厌的行为，因为尽管他们是在私底下一起小声说话，别人听不到他们的谈话内容，但是却会产生十分恶劣的影响。如果学生将注意力从教师转移到身边的同伴，他们会错过很多重要的课堂信息，浪费学习时间。这也意味着你不得不重复讲解，或者在课下为某些学生单独补课。这会妨碍他们独立自主地完成学习任务，分散注意力，导致他们不能深入理解课堂知识。此外，窃窃私语的行为具有一定的"传染性"，会对其他学生产生负面影响，让他们加入其中。

视而不见并不能解决这个问题。你当然可以实施惩戒，但是很难确定到底是谁在下面窃窃私语，谁只是听众或者在制止这种行为。这是教师们经常遇到的问题，令人苦不堪言。针对此问题，下面是一个简单的"四步走"解决方案。由于这是一种给学生赋权的策略，你甚至不需要参与其中。这也是该解决方案最出彩的部分。

下定义

在开始解决窃窃私语的问题之前，你必须让学生明白什么是"窃窃私语"。他们需要明确地知道你对窃窃私语的定义，以及什么样的行为属于窃窃私语。或许在某些时间，你是允许学生做出这种行为的，可能是另一种形式的“窃窃私语”。如果是这样，你的学生需要知道这些时间是什么时候，他们需要怎样适当地“窃窃私语”。向学生示范所有的形式是他们理解的关键，包括正确行为和错误行为以及适当行为和不当行为。

提供工具

一旦你的学生明确了窃窃私语的定义，知道什么时候可以，什么时候不可以，下一步就是为他们提供一个工具。他们使用这个工具，不需要说话，就可以凭一己之力制止不当行为。这个工具其实是一个简单的手势，无论是在课堂上，还是在自习课上专心学习，或者你认为不合适的场合，当有人企图低声与他们攀谈时，他们都可以向对方展示这个手势。

教学生如何使用

只要不产生文化冲突，任何正常的手势都可以。双手食指交叉并轻轻地摇晃是一个很好的选择。这是一个足够明显的手势，整个教室的学生都可以清楚地看到，而且所有学生都可以轻松地做出这个手势。

若要向学生演示如何操作，你可以坐在一个学生的课桌旁，或者一个学生小组旁边，让学生以你为中心，围成一个圆圈。你假装正在专心致志地学习，这时候，一名学生凑过来与你搭话。你要快速并友好地做出相应的手势，然后转过头去，继续做自己的事情。

举止文明礼貌

我们需要强调一点，即这个手势只不过是对同学的礼貌提醒。就像是在说："不好意思，我现在不能与你交谈。"这并不是一种挑衅或愤怒的表现，因而不应该带有任何言语或警告。让学生结伴或分组练习，提醒他们使用友好的面部表情和肢体语言。第一次仔细准确地向他们演示如何去做，保证他们不会做错。

确保学生看到别人对他们做出这个手势时，知道应该怎样做出正确的回应，并进行示范练习。他们应该赶紧点点头，然后去做应该做的事情。

总结

实施惩戒的具体时间点是可以具体安排的。学生之间的这种简单的非语言交流可以从源头上解决窃窃私语的问题。当有学生每次做出这样的手势时，都会发出这样的信息，即禁止在重要的听讲时刻或自主学习时间打断其他学生。由于这种信息来自学生群体之内，所以它具有强大的威慑力。

这确实需要对你的课堂管理方案做一个小小的补充，但只需将其归入其中一个大类即可。这样，如果你的学生没有按照教导和示范的方式来做手势，或者忽视这个手势，那么就能够立马对其实施惩戒。这个时候，你就不需要纠结究竟应该惩戒谁了，你可以确切地分辨出哪个学生是始作俑者。不会产生争论，也不会有学生说"是他，不是我"，更不会浪费时间。这样就可以营造一个友好有序的课堂氛围，学生们也会更加专注。

#18 面对难管的班级，该如何坚持到底

班级越难管，就越难保持始终如一的管理标准，教师就越容易妥协，越容易出现管理失控。这就是为什么面对一群棘手的学生，你必须保持强硬的态度。你必须要有锲而不舍的精神，正如丘吉尔所言，“像一只钉在冻土里的楔子一样，坚定不移，毫不动摇”。

但具体怎样去做呢？如何日复一日地坚持下去呢？当你的学生试图惹怒你时，你如何保持坚定的决心呢？当你最不愿意惩戒学生时，你该如何实施惩戒呢？好吧，没有人能够轻松自如地应对。每个人都会有抗拒心理，每个人都会在某个时候感知到一种似乎不可抗拒的推力，想要妥协，打退堂鼓，装作没看见。

你很难每时每刻都保持“最佳状态”，或许正赶上你身体不适，或许正赶上周五下午，你正准备结束一周的工作。或许事情终于步入了正轨，你想“为什么这一次不能网开一面呢？这又有什么害处呢？”不管是什么原因，不信守承诺终究是不对的。这就是为什么你需要一些可以依靠的东西，一种能陪你度过最脆弱时刻的态度或心态。

下面三个重要的思想可以赋予你坚持到底的强硬态度，无论你的班级多么地具有挑战性。

为学生着想

最有影响力的教师都有一种溺爱式的“护犊”心态，即保护学生学习和享受学校生活的权利。无论发生什么，这始终是你的职责。除了你之外，没有其他人能保护你的学生免受干扰、欺凌、取笑等伤害。如果没有你的保护，他们这一学年、他们的未来以及父母对他们的期望和梦想都岌岌可危。无论如何，在一年的时间里，一切都掌握在你的手中。如果你能够承担起责任（接受现实），你的学生也更容易遵守规则，去做正确的事情。实际上，这是一件水到渠成的事情。

不怕丢工作

致力于一项事业需要很大的精力，不只是下定决心就可以，而是需要全身心的投入，不给自己留有任何余地。

体现这种心态的一个强有力的方法是采取一种决绝的态度：即便管理部门不得不解雇你，把你拖出教室，阻止你履行对学生的承诺，你仍然会坚持到底。无论遇到多大的阻碍，这种献身精神都能够有效地克服一切形式的阻挠。值得高兴的是，有了这种心态，你不仅永远不会失业，还会受到同事的钦佩和学生的喜爱，校长也不会干涉你。

承认这是唯一的方法

当你的课堂失去控制时，你会感觉学生表现无礼，冷漠无情，缺乏动力，但你所看到的并不是他们真正的样子。是之前的各种管理问题，如糟糕的领导力和混乱的政策实施导致了眼前的不利局面。

公平公正，坚持始终如一的标准，这是解决问题，也是扫除班级负面情绪的唯一方法。只有这样，才能激发教师教学和学生学习的潜力。

总结

几年前，有传言说总统要来我工作的学校参观访问（其实从来都没来过）。老实说，我想到的第一件事是，“**好吧，如果他来到我的教室，就得像其他人一样遵守规则。**”我感觉这种想法很好笑，但它印证了信守承诺的重要性。我们要始终如一地履行自身的职责，为学生创造安全愉悦的学习环境。

即便你所任教的学校的学风不是特别糟糕，或者你无意改造一个失控的班级，不管怎样，保持一种强硬的态度仍然非常重要。实际上，它将不仅是你在教学工作方面每天秉持的一种态度或心态，而且还会让你成为一个真正坚忍不拔的人。

#19 我见过的最糟糕的课堂管理策略

最近，我有机会参观了一个针对新教师的课堂管理培训。培训师是一位近年来颇受欢迎的项目管理专家。这个项目的核心理念是一种代币经济，学生可以通过“优秀”的（即期望的）行为表现获得奖励。

这种策略传递了这样的信息：期望的行为，即在学校达到学业成功的最低标准，值得获得特别的认可。这样的期望将本身就具有回报性的努力变成了一场交易，即学生据此可以获得一定的报酬。

它还会鼓励不道德行为，如作弊和偷窃，而且会削弱师生关系，使之变成一种交易，导致冷漠无情甚至是互相伤害的师生关系。它还会增加打造愉快且富有成效的课堂的难度。最糟糕的是，代币经济扼杀了学生学习的内在动力，削弱了师生关系，增加打造愉快且富有成效的课堂的难度。

但是，那一天，我站在教室后面，看到培训师正在演示如何处理行为不端的学生，他使用的是一种叫做“抓住闪光点”的表扬方式。具体操作如下：如果你注意到一个学生行为不端或没有完成作业，你要表扬他周围的学生，而不是根据一套预先确定的规则和惩戒方式追究他的责任。换句话说，你要忽视行为不端的学生，大肆表扬周边的学生，让他们知道自己有多棒，因为他们做了应该做的事情。

从理论上讲，这种方式之所以有效，是因为行为不端的学生也想要得到表扬，因此会被迫停止继续做教师所认为的不当行为。那么，这有什么问题吗？好吧，除了不诚实之外，它还传达了这样一种信息，即满足最基本的底线要求不知为何变成了一种特殊的存在，没有达到标准的学生低人一等。

在这种情况下，利用表现良好的学生作为棋子，诱导行为不端的学生做出顺从的行为，对学生来说是非常残忍的，是对他们的一种侮辱。此外，它没有为学生提供真正有效的反馈，帮助他们改过自新。

这种方法在全国各地的学区得到认可、教授甚至推广，着实可悲且可耻。让教师这个崇高的职业沦为了欺骗和操纵的代名词，有违人类灵魂工程师教书育人的初心。

教学并不是一蹴而就的事情。不是暂时制止学生的不良行为或欺骗学生服从你的意愿，而是激发学生发生真正的改变，并产生持续一生的影响。

那么，我们应该采取怎样的应对策略呢？你要对学生以诚相待，建立行为边界，保护他们学习和享受学校生活的权利，并全力捍卫这种权利。你要说到做到，公平公正地实施惩戒，尊重他们，给他们留有机会，让他们能够从错误中吸取教训。

只赞美值得赞美的，寻找合情合理的进步、新的学习尝试或者比之前更大的努力。让他们知道你注意到了这些良好表现。在教室里远远地看着他们，用微笑与和善的眼神与他们交流。写一张便条，折起来，贴在他们的桌子上，告诉他们，他们做得很好。将他们进步的具体细节展示在全班面前。

尊重每一位学生，避免一切形式的虚假赞扬和威逼利诱，因为这些只会导致学生未来的失败。做一个靠谱的教师，坚持原则，始终如一。基于爱和宽恕、善良和诚实、幽默和谦逊，建立良好的师生关系。

看着学生的眼睛，告诉他们事情的真相，让他们认识到自己的错误，正确地面对得失成败。**给他们提供有价值的反馈。**做一个值得学生尊敬和钦佩的领导者，帮助他们为课堂之外的生活做好准备。这样，你的赞美对他们来说就有了意义，就可以点燃他们内心深处的内在动力。他们知道，既然你说了，那一定是真的。事实真相会让他们走得更远。

#20 如何创建“无手机课堂”

在过去的一周里，我观看了《卧底高中》（*Undercover High*）节目的第一集。该节目讲述了七个年轻人在美国高中卧底的故事。在这个节目中，我看到了许多令人震惊的事情，其中之一是学生在课堂上随意使用手机。摄像机镜头下，一边是教师在卖力地讲课，另一边是学生在使用手机查看社交媒体的内容，发短信或听音乐。我为这些教师感到难过，但更为学生感到悲伤。他们正处于人生的黄金阶段，有机会创造有意义和有贡献的人生，而这个时机正在与他们擦肩而过。

可悲的是，在课上使用手机是一个普遍存在的问题，而且愈演愈烈，不仅仅限于高中。在过去，我收到了很多教师的电子邮件，甚至包括六年级教师的，对于这个棘手的问题，他们也一筹莫展。

在我观看的这一集节目中，显然，学校禁止学生在课堂上使用手机。当然，这一规定毫无意义。那么教师的职责就是阻止学生在课上使用手机，这在当今时代几乎是不可能完成的任务。除非与手机那让人极度沉迷的特性相比，你的课堂内容和授课能力更有吸引力，否则你的课堂教学将受到严重的不良影响。

那么，有什么解决办法吗？第一步是制定一项适用于全校的政策，禁止在课堂上拿出手机，无论是从背包、钱包还是口袋里。仅仅禁止使用手机还远远不够，学生会质疑这项政策到底意味着什么。政策必须明确，界定清晰，并且学生是否违反政策，应该能够很容易地判断出，没有灰色地带或可供辩解的可能。

至于惩戒方式，我建议不需要给出任何警告，直接将手机拿走。不然的话，学生会钻“警告”的空子。直接的惩戒也传达了这样的信息，即学习是神圣的，任何干扰学习的行为都是严重的违规行为。

但是，你不能要求学生刚到校就交出他们最珍贵的宝贝。他们必须首先全面了解这项政策。他们必须明白为什么要这样做，他们的手机将如何被没收，何时以及以怎样的方式归还。事先制定完整明确的政策，这样就不会产生误解，也不会让学生有可乘之机，推卸自身的责任；同时，也在很大程度上避免了实施惩戒时学生的反抗心理，让他们心服口服，乖乖地交出手机。因此，有必要召开班会，详细解释你的政策。

对于具体情况，我建议：

a. 如果一个学生在上课和放学之间的任何时间（从上课铃声响起或学生迈入教室那一刻开始，到下课铃声响起或学生迈出教室那一刻结束）拿出自己的手机，那么在这一天剩下的时间里，这个学生就会失去手机的使用权。如果他们在教师走近之前把手机收好，或者他们快速掏出手机查看时间，都算是违反政策。不论出于怎样的原因，一旦拿出了手机，就算违规。注意：这也包括耳机的使用。换句话说，如果一个学生戴着耳机（或耳塞），无论他们是否在听，都和拿着手机是一样的。在这种情况下，耳机和手机都要被没收。

b. 教师走近学生，手里拿着一个大的自封袋，让学生自觉将手机放进袋子。使用自封袋而不是直接一把夺过手机，是对学生财产的一种尊重。这样也减少了冲突，让学生更容易接受。这也强调了不要斥责或责骂学生的重要性，更不要煞有介事地没收手机。然后，教师将袋口的拉链拉上，并立即将其放在一个可以上锁的抽屉或柜子里。

c. 在一整天的课程结束之后，学生必须回到教室取回他们的手机。你可以在政策中加入这样一条规定：如果学生没有在特定时间来取手机，那么他们必须等到第二天早上，一定不是教师造成了这种不便。

d. 如果某个学生是个“惯犯”，即在一个时间段（一个学期或一个季度）内第二次违反该政策，那么他的家长必须在上课前或放学后到学校政教处取回手机。在这种情况下，教师会在袋子上贴上标签，并尽快将手机交给指定的行为管教教师。这个时候，行为管教部门有必要介入，并实施进一步的惩戒措施。在第一次违规事件发生后，以后每次违规，都要罚学生留堂并降低“表现评级”①（citizenship grade）（如果适用的话）。这会让政策更有说服力，降低再次发生的可能性。

e. 如果某个学生选择不交出手机，那么必须立即将其移交至行为管教部门，降低其“表现评级”，并将惩戒方式进一步升级。具体措施可能包括一周的午餐后留堂、放学后打扫卫生、周六到校学习等惩罚。

f. 唯一的例外情况是教师授权，允许学生在规定的时间使用手机进行特定的学习活动，并对手机的使用做了明确的界定。

就是这样一种政策，清晰明确，通俗易懂，也很容易实施。最重要的是，事实证明还非常有效。不论是教师还是学生，每个人在接受这个政策后，必须严格遵守并执行这个规定。如果你没有言出必行，学生很快便会发现这一点，并继续肆无忌惮地玩手机。

---

① 有些学校会根据学生一段时间的行为表现，在期中或期末给出“表现评级”，一般包括“荣誉级”（Honor）、“合格级”（Satisfactory）、“需改进级”（Needs Improvement），以及“不合格级”（Unsatisfactory）。——译者注

但是，如果你能坚持到底，看到不当行为，及时提醒和警告，也不假装看不见，不仅能够消除这种极易沉迷的干扰，所有形式的不当行为也都将得到改善，而且还会提升你们整个学校的尊重意识和责任感。

值得注意的是，如果你所在的学校对这种问题视而不见，或许学校有相关的政策但没有严格执行，或者类似于《卧底高中》学校的政策，那么，从理论上来讲，你可以制定自己的政策。你也可以将其纳入我们推荐给高中教师的课堂管理方案中。然而，这种方式虽然可行，但对教师本身要求很高，需要具备强大的人际关系和课堂管理技能，才能使其产生效果。否则，可能会带来更多的麻烦。

更好的解决办法是全体教师团结起来。找你关系最好的同事聊一聊，找个时间跟校长谈一谈，将这一政策列入下一次教师会议的议程。介绍上述政策，让大家进行投票表决。当手段强硬、头脑聪明的人决定站出来为不作为者发声时，改变就发生了。正是教育者的不作为导致了大量学生没有机会接受优质的教育。

最后，再提一点，如果你感觉在你的学校此种问题太大了，无法解决，我只有一个词回复你——一派胡言。任何地方、任何一所学校，如果下定决心解决这个问题，这种方式都能发挥作用。每个学生都有权利远离干扰，享受良好的学习环境。

Part 3

课堂影响

#21 你能给到的最佳奖励

由于我认为不应奖励学生的良好行为，所以经常有人问我："那么，贴纸、奖品等，老师干脆就不发了吗？"嗯，这个问题的答案不是绝对的，但是，我们要避免一切带有讨好意味的奖励。这一点是毋庸置疑的。

如果学生做了什么事情或不做什么事情，你会承诺给他们奖励，这就像是打开了潘多拉魔盒，引发新的问题。而且从长远来看，对学生行为的改善也不会有什么帮助。简单地从你的课程中剔除这种性质的激励措施，不仅会让你的学生保持稳定的状态和成熟的心理，激发他们的内在动力，而且会让你的教学生涯变得轻松。

然而，这并不意味着你必须扔掉你的奖品盒，或者彻底停止分发铅笔和贴纸。实际上，以特定的方式给学生发奖励，确实有助于改善他们的行为，虽然不是直接发，但更能展现出我们的真诚。

要诀在于赠予。

你给他们发放物品没有任何缘由，当然不是基于学生的表现（即良好的行为）。换句话说，这些物品不再是传统意义上的奖励，而是一份免费的礼物。**"嘿，在你们放学之前，我给大家准备了很棒的铅笔作为礼物！"**

这是一种表达你对班级的热爱和欣赏的简单方式，没有其他的意图。重点在于：如此暖心之举，加上你在课堂上表现出来的人格魅力，会触及学生的内心，让他们对你报以同样的善意。这就是赠予的神奇之处。创建一个学生期待的课堂是你能提供的最大的奖励，没有之一。实际上，这种奖励的效果非常显著，可以给学生带来积极正面的影响，而这也是获得你一直追求的、有意义的教学体验的关键。

需要注意的是，你不是非要给学生分发铅笔或奖品，或者其他任何东西。这不是你必须要做的事情。但如果你喜欢做这种事情，那么它肯定会为你的课堂增添另一番乐趣和享受。

教师们经常抱怨学生们不太懂得感激。但这是用奖励换取良好行为的自然结果。对学生来说，这是一场“礼尚往来”的商业交易。这就会导致师生关系失去其原有的温度。我做了某件事情，你给了我那种奖励，我们互不相欠。

我认识一位卓有成效的三年级教师，她会在星期五下午举办一场别开生面的舞会。下课前十分钟，她会在教室里播放音乐，学生们就站起来，跟着音乐的节奏开始跳舞，那场面别提多欢乐了。学生们很喜欢这个舞会，每周都充满期待。然而，这个舞会不是奖励，也不是管理策略，只是一种快乐的表达，一种无拘无束的庆祝，庆祝整个班级共同完成了又一周的学习。这也是学生喜欢上她的课的另一个原因。

当学生们跳舞时，会发生一件非常有趣的事情。教师会假装自己是裁判，在教室里来回踱步。她会将眼镜架在鼻梁上，手里拿着写字板，假装在做记录。每隔一段时间，她就会指着一个学生或一群跳舞的学生说：“去奖品箱里拿点东西吧！”学生会冲过去，挑出一个弹力球或手镯，然后重新加入舞会。

她每周都会选择不同的学生，每个人都会被选中多次，但你也许会好奇，**当其他学生没有被选中获奖时，他们不会感到失望吗？**

答案是否定的，因为他们知道，在奖品盒里拿到的奖品或教师给的稀有贴纸或铅笔都是完全免费的礼物。这些东西不是赢来的，没有冷漠无情的商品或服务交易，没有讨好的意味或操控的性质，也没有“做什么事情得到某种奖励”的风气。学生们自然不会滋生嫉妒或怨恨的心理。有的只是一个让学生每天都心驰神往的课堂。那么，一切都会变得有意义起来。

#22 改善课堂行为最简单的策略

很少有教师会考虑改善课堂行为最简单的策略。这是一个既明显又陌生的问题。在现代专业书籍或教育大会上，人们也很少提及这种最简单的策略。然而，这种策略看似平平无奇，实则屡试不爽。

你不需要做出多大的改变，不需要额外的计划或专门的培训，也不需要向学生灌输任何思想，或者说服他们做任何事情。事实上，如果你这样做，你会得到他们的全力支持。因为这既是一个普遍的真理，也是一切人际交往中令人愉悦的慰藉。

那么，这个神奇的策略是什么呢？这个策略就是礼貌待人。走进世界上任何一间井然有序的教室，你都能看到表现良好的学生，看到开心与和谐、微笑与友谊、团结与满足。

那么，如何让你的课堂变得更加文明礼貌呢？你来教授什么是文明礼貌，向学生示范如何礼貌待人。你来实践并鼓励学生礼貌待人，直至它成为你课堂的一部分。有些教师很关注这一常被忽略的策略，在课堂管理方面，他们的问题要少得多。在他们的课堂上，很少会出现不尊重、欺凌、争吵等问题。

如果你以前从未教过学生如何礼貌待人，那么最有效的方法就是专注于以下三个基本方面。

a.“请”和“谢谢”。

b.“您好”和“再见”。

c.“请原谅”和“您先请”。

仅此三点就足以改变你课堂的氛围，激发更多意义深远的善举，并促进更好的整体课堂行为。

教学生礼貌待人的第一步是向他们展示正确的做法。请学生当志愿者，协助你演示如何向同学打招呼，如何接受别人的帮助，或者如何停下脚步，让别人先走。在强调语气、肢体语言和眼神交流的重要性时，使用课堂上常发生的事情举例说明。在完成每一个基础方面之后，把学生分成不同的小组，让他们自己去练习。列出一些常见的情况，然后给他们几分钟的时间进行角色扮演。

你的同桌要放学回家了。

两个学生同时走近纸巾盒。

你的同学帮助你完成了作业。

你在排队吃午饭的时候不小心撞到了别人。

整个学年，定期地重复这些注意事项是一种不错的方式，但是温馨提醒也是不可缺少的。每当学生忘记时，好教师都习惯于轻声暗示。

请。

早上好。

请原谅。

每周面带微笑，说几次这些简单的话语，就能培养和维护你所追求的理想的学习环境。但你必须要带着学生去实践，为学生树立文明礼貌的学习榜样，每一天都坚持做这件事情。讽刺、急躁和抱怨只会破坏你所创造的一切良好的氛围。

教学生礼貌待人是一件简单的小事，很容易被忽视，也很快会被人们遗忘。对于今天复杂的教育情况来说，这种策略早被人们当成了学生应该理所当然做到的事情。因此，很少有人愿意耐心地教孩子们如何礼貌待人。但是，在一个愿意将其作为教育重点的教师手里，它却能发挥出巨大的作用。它可以转变和提升班级课堂氛围，其作用经久不衰，激励学生向阳而生，向善而行，在教育过程中留下永恒的印记。

#23 为什么你每天都要选择与学生保持良好的关系

与学生建立良好关系的重要性，无论怎么强调都不为过。因为良好的师生关系会让你受益良多。

它可以赋予你改变学生行为的领导力和影响力。让学生愿意因为你的存在而去听课、学习、好好表现，即便他们在其他教师面前表现不好。正是有了良好的师生关系，教师才得以成为地球上最有价值的职业之一。

建立良好的师生关系比大多数教师想象的要容易，并不需要耗费多余的时间和精力。你不需要牺牲自己的备课时间，与学生闲聊或跟他们一起打游戏，尽管这样做也并没有什么问题。你不需要具备闲聊的天赋或喜剧演员的智慧，也不需要效仿任何人，做自己就行。

但是，这确实需要做出选择。是这样的，只要你身处领导者的地位，总会有这样一种风险，即对你所关心的事情产生负面的思想，尤其是当你与叛逆或难管教的学生斗智斗勇时，更是如此。这可能会让你陷入十分危险的境地。因为当你不喜欢或讨厌一个或多个学生时，学生是知道的。你是无法掩饰的，你对他们的负面情绪会以某种方式浮出水面。负面情绪会通过你的肢体语言、面部表情和语气表现出来，通过你的话语和散发的气场表现出来。

你有没有听过这样一句话——“你的想法正在显现”？这是一个不言而喻的道理，在任何领导岗位上，无论是教师、教练还是父母，都会得到验证。尤其是儿童，他们对大人如何看待自己非常敏感。

因此，虽然建立有影响力的良好关系的关键无非是保持友善，但只有当你选择喜欢你的学生时，这才有可能。这是一个非常重要的选择，不是一种反应、感觉、直觉或希望。你对学生的喜欢不是基于他们的外表，不是他们有多好学，或者他们的表现友好。即使他们傲慢无礼，在你背后调皮捣蛋，或者扰乱你的课堂秩序，导致你无法继续讲课，这都无关紧要。不管怎样，你还是选择喜欢他们。

这就是选择的神奇之处：一旦你选择喜欢每一个学生，你就会只看到他们身上最好的一面，无论他们是谁或他们过去曾做过什么不讨人喜欢的事情。当你有意识且毫无保留地选择喜欢他们时，他们也会开始喜欢你，即便是那些最棘手的学生。

在你身边，他们开始表现得不一样了。他们开始面带微笑，和你进行眼神交流；他们开始信任你，想要让你开心，像完全变了个人一样。这是一个良性循环，随着时间的推移，会变得越来越好。

所以，从开学的第一天开始，你一定要做到每天微笑着去面对每一位学生。友善地与他们交流，就像对待那些最优秀且行为最端正的学生一样。在看到他们时，选择表现出开心的样子。

是的，在去学校之前，你有时可能需要几分钟的独处时间，提醒自己，你将坚持不懈地喜欢安东尼、卡拉或其他任何学生，尽管这些学生前一天的表现非常糟糕。但是，你之所以这样做，是因为这会对你调动学生学习的积极性和激发他们的潜能产生直接且深远的影响，让你成为学生需要的教师，对他们做出最佳的反馈。你之所以这样做，是因为这样能给你的教室带来平静和欢乐。你之所以这样做，是因为这是正确的事情。

建立有影响力的关系并不难。所有教师都可以从中受益，抵御消极、对抗和怨恨，呵护自己教书育人的纯粹心灵和积极思想。这是一种选择，不是一种技能。这是一个能够决定成败的选择。是希望还是绝望，是爱还是恨，都取决于你的选择。

#24 与学生建立关系的真正意义是什么

教师们经常误解“建立关系”这个表述。他们知道与学生（尤其是问题学生）建立联系的重要性，认为这意味着他们需要单独花费更多的时间与学生相处，需要尝试在更私人的方面了解学生。

但就实际情况而言，教师们采取这种方式建立关系不仅不现实，而且也没有什么成效。实际上，挑选单个学生，与其进行交流，试图赢得他们的信任并建立良好的关系，这种做法弊大于利。众所周知，对大多数学生而言，被迫与教师进行学习之外的交流，这种感觉是很不自在的，甚至可以说是非常的别扭。这会让他们不知所措，如坐针毡，不知道该说些什么。甚至那些在社交方面极度自信的学生也会感到局促不安，对你找他们谈话的目的保持谨慎的态度。然而，还是有教师日复一日地坚持这种做法。

这些教师示意学生“出列”，来到走廊里，远离他们原先舒适安全的同伴社交群体；教师直接“闯入”学生的私人空间，以一种咄咄逼人的态度，询问他们的喜好和共性。

虽然这些教师的用意是好的，但由此建立的是一种尴尬的关系，致使学生产生防备心理和漠然态度。这非但没有拉近师生关系，反而在师生之间建立了一堵墙。

与学生建立关系的目的不是熟知他们的一切，而是对其产生影响力。影响力不是通过一对一的交流互动产生的，不是通过了解学生最喜欢的冰激凌或电子游戏产生的，也不是通过紧跟当前的流行文化趋势产生的。相反，有影响力的关系是通过教师的可信度和亲和力来建立的。

如果你的学生信任你，因为你总能说到做到；他们喜欢你，因为你总能令人感到愉快；那么，强大且良好的关系就会自然而然地形成。你的学生会找到你，想要和你在一起，更好地了解你。他们会被你吸引，你毫不费力就可以将他们拉入你的影响圈子。

你们师生之间的对话和互动会变得开放且轻松。当你和一群学生坐下来共进午餐，或者在课前遇到一群学生时，师生之间的交流自然就会特别顺畅。教师愿意教，学生乐意学。一切都是自愿的，没有什么虚情假意。即便是那些内向害羞的学生（尤其是这些学生）也会突然不知道从哪儿冒出来，放声大笑，跟你开玩笑，然后陪着你一起傻乐。这反过来又可以赋予你非凡的影响力，对班里学生的行为表现和学习动力产生更好的影响。

所以，不要误信“必须逐个逐次与学生建立关系”的观念。你的工作已经够忙的了，不要再增加一个耗时的教育策略。实际上，与学生建立关系的最有效办法也恰好是课堂管理的最有效办法。

你要言而有信，坚持自己的课堂管理方案。在对学生行为进行管理时，不要责骂或讨好学生，不要对他们的身心造成伤害，也不要采用会产生矛盾的管理方式。你要保持微笑，爱你的学生，让你的课堂充满幽默和欢乐。这样，你就再也不用为建立有影响力的师生关系而费力劳心了。

#25 9种方法让你拥有更高的威信

威信在有效的课堂管理中发挥着重要的作用，因为它会影响学生对你的看法；决定他们是否会听你讲话，是否会听从你的指令；影响学生在你面前的表现以及他们对你的信任和尊重。

有些教师貌似可以立马展示出自己的威信。当他们走进教室时，学生立刻就能感受到一种强大的气场。这会让学生去改变自我，让他们变得更冷静、成熟、有礼貌。激发学生积极向好的一面，让他们愿意去取悦他人，好好表现，成为更好的学生，成为更好的人。

虽然乍一看，威信似乎是一种天赋，只属于少数幸运儿，但其实也没有什么奥秘可言。所有教师都可以通过效仿以下9种行为，增加自己的威信。

衣着整洁

教师们现在的穿着比以前随便多了。如果你坚持不随波逐流，逆潮流而上，就能取得很好的效果，因为学生会根据你的穿着来判断你是否是一个值得追随的领导者。当然，这并不是说你的穿着必须要多么地正式或奢侈。

关键是要保证衣着的品质，整体上要保持整洁。像领导者一样去穿着打扮，这样，你的学生会对你表现出更多的尊重。整洁的着装也会让你更加自信，从而进一步提升你的威信。

昂首挺胸

对自己的仪态充满自信，会向学生传达这样一个信息：你知道对他们来说什么是最好的，你正在引导他们朝着正确的方向前进。这样会让他们放下戒备心理，相信你说的话，信任你这个人。

所以，你要抬起头来，挺起胸膛。自信地去行动，表达自我，让他们看到你清楚知道自己正在做什么。如果你内心缺乏自信，那也没有关系，表面上的自信也可以产生同样的效果。研究表明，简单地改变仪态，就能让你感觉更有力量，从而表现得更自信。

坚持到底

这是一个非常重要的方面。说到做到，久而久之，你的威信会一路飙升。相反，如果你优柔寡断，言而无信，无视课堂管理方案，你很快就会失去威信。你所说的一切都会受到质疑。你的学生可能会质疑你，与你争论，或者对你不屑一顾。更有甚者，可能会试图从你手中夺取课堂的控制权。

尊重事实

在与学生打交道时，要做到诚恳坦率。不要过分地讨好或试图控制学生，不要实施带有指向性的奖励或代币经济。看到学生表现良好时，不要刻意去树立积极的榜样。这些措施实际上都会扼杀学生的内在动力。真诚地去赞美学生，让你的赞美之词建立在学生真实成就的基础之上。告诉你的学生他们在行为和学业方面的真实情况。

直截了当的评价方式可以对学生产生很强的激励作用。同时，也可以让你树立极高的威信，拥有所有伟大领导者都具备的威严和品质。

保持和蔼可亲的态度

一切形式的恫吓式管理都是比较糟糕的领导方式。训斥、怒视、责骂和失态在短期内或许可以镇住学生，让他们感到害怕，从而好好表现；但你也会为此付出代价，你会失去他们对你的尊重，削弱你的威信，导致学生做出越来越多的不当行为。

相反，如果你能始终保持和蔼可亲的态度，你将能够毫不费力地与学生建立良好的关系，对他们产生积极的影响，帮助他们改变自身的不良行为。这会让学生喜欢你，想要更好地了解你，而你不需要为此付出任何额外的努力。

保持冷静

如果教师总是像个没头苍蝇一样乱跑乱窜，每天看起来都疲惫不堪，做起事情丢三落四，其威信会大打折扣。在学生心目中，教师焦虑的情绪会在整个教室蔓延开来，延伸至每一个角落。这还会让你看起来是一个不怎么靠谱的教师，不知道自己到底在做什么。

提升口语表达能力

那些极力想要树立威信的教师往往语速较快，总是喋喋不休。说起话来，絮絮叨叨，为了避免停顿，嗯嗯啊啊，说个不停。他们说的话里包括很多对学习无益的细节或与话题无关的内容。这属于“过度”交流。

为了提升你的威信，也为了提高学习效率以及激起学生的兴趣，你要慢下来。说话要言简意赅，不要跑题。信息表达要完整，并经常停顿，给学生留出理解的时间。这样，学生就愿意倾听你讲话，并保持专注力。这样会将学生吸引到你的身边，而不是让他们远离你。

做好身体上的准备

如果你压力过大、疲惫不堪、暴躁易怒，你就不可能成为一名好教师，也不可能赢得学生的尊重。如果想要保持良好的教学效果，你需要每天处于最佳状态，这就意味着你必须高效做好课程规划。在工作时间，你必须保持专注，学会拒绝；必须有高效的产出，而不仅仅是瞎忙活。

在合适的时间下班回家，为自己留出几个小时的时间，不去想学校的事情。好好休息，锻炼身体，增强体质。与家人和朋友共度时光，或者去做自己最喜爱的事情。这不仅可以提高你的威信和亲和力，也会让你成为一个更加平静且快乐的教师。

选择只看最好的一面

随着时间的推移，与学生、工作、课程等相关的消极思想迟早会浮出水面，从你的行为、肢体语言、面部表情，甚至你所说的话中表露出来。这是掩饰不住的，而且还会严重削弱你成为一名优秀教师的能力。

如果想要获得优秀的教学效果和鼓舞人心的领导力，你就要抛开消极的自我暗示，拒绝陷入其中，而是选择只看到身边的人、情况和环境中最好的一面。

这归根结底也是一种选择。这种选择具有深远的影响，关乎你在学生心目中的形象以及你自身的幸福。

总结

你具备这些能力或品质吗？这九种提升威信的方法会让你脱颖而出。经过几分钟的观察，学生就能确定你是一个值得他们重视和尊重的人。他们或许无法准确指出你有什么特别之处，但他们会知道你就是很有魅力，给人一种非同寻常的感觉，对人影响至深。你就是很特别。

你的身上具备一股神秘的气质，一种难以言喻的气场和威信；学生父母和同事在私下对你的评价也会是魅力四射、天赋异禀、坦率自然。实际上，任何人都可以拥有这样一系列特质。只要你心向往之，敢于做一个不随波逐流的教师，你也可以拥有这些特质。

#26 如何让课堂瞬间安静下来

行为不端的最大原因之一是学生过度兴奋，这也是最让人头疼的问题之一。原因在于大多数苦苦挣扎于课堂管理的教师都没有注意到这个需要首要被解决的问题。对于紧张的课堂气氛他们早已习以为常，他们时常会感到焦虑不安，甚至感觉不到问题的存在。然而，其他人一进入教室就能感觉得到。这是一个显而易见的问题。就我个人而言，闹哄哄的兴奋劲儿会让我紧张不安。即便凭借坚强的意志力，我能在这样的环境中坚持几分钟，仍然会感觉浑身发抖。

好的一面是，一旦我们认识到这个问题，确定它就是学生捣乱、暴躁等行为的罪魁祸首，我们就可以采用以下五种策略，即刻纠正这个问题。

深呼吸

作为教师，你是课堂能量的源泉。学生会根据你的状态作出反应，所以，如果你感到紧张不安，这种情绪会在你的课堂上表现出来。

清除消极情绪的一个可靠方法是深呼吸。深吸一口气，再慢慢地长舒一口气。放松你的身体，让平静的气场充满整个房间，从一个学生传递给另一个学生。我知道这听起来很新鲜，但真的很管用。你可以感觉到压力在你的教室里消失了，紧张不安和异常兴奋的情绪也消退了。

你只需要深呼吸，放松身体肌肉。这不仅会对你的学生产生积极的影响，也可以帮助你缓解自身的精神压力和紧张情绪。

适当停顿

那些挣扎于课堂管理的教师一般说话语速都很快，上下句之间的停顿时间也很短。他们还会在讲话中穿插着“嗯”“啊”之类的声音，担心如果自己不急着填补沉默，学生就会抢先一步。再加上不断解说、过度解释和一再重复的强烈需求，你就拥有了制造兴奋劲儿的完美配方。

要知道，喋喋不休地讲话会让学生感到不安。这会产生紧张和厌倦的情绪，让他们想要躲开教师，转而去关注周围的其他人。简单的停顿（有时可能需要长时间的停顿）可以提升你言语的力量，让讲课变得更加有趣；还可以给学生留出思考的时间，让他们充分理解你所说的内容，他们就不需要时刻警惕突然的转折，也不需要让大脑保持飞速运转；也能够让学生真正静下心来，倾听你的讲话。

停下来讲话

看着教师整天在教室里走来走去，忙忙碌碌，学生会感到疲倦和焦虑。很多教师却认为这会让学生的注意力更加集中。但事实恰恰相反，这只会让学生感到厌倦，精力涣散，将注意力转移到其他地方。解决办法是停下来，站在一个地方，尤其是在发出指令或提供重要信息的时候。

这样你才能吸引学生的注意，让他们认真听你讲话；避免学生因周围环境中的各种小干扰而分神，将注意力集中在重要的事情上。

少说一点儿

大多数教师都是话痨，那些苦苦挣扎于课堂管理的教师更是如此。结果就是，在很短的时间内，甚至是短短的十分钟，他们会输出海量的信息，让学生不堪重负。首先，学生能够接收的信息量有限。其次，他们需要花费很长的时间去甄别信息，费力去分辨哪些是重要信息。信息爆炸会让学生很快失去耐心，不再听你讲话。这个时候，对他们而言，你的声音就变成了背景，你说的话对他们而言只是噪声，只会让他们感到厌烦。于是，学生在私下里聊得更火热了。

如果你能减少三分之一的讲话内容，你会发现学生变得更专注了。你的学生将有时间处理信息，认真思考，理解你的说话内容。久而久之，他们就会明白，你说的每句话都值得认真倾听。

慢下来

兴奋劲儿就像听一首以两倍速度播放的歌曲，就像是一次喝了太多的咖啡，或者是在生日派对的弹跳房里嗨到极点。你只需要简单地慢下来，就可以让过度兴奋的班级安静下来。这是一种非常可靠的方法。说话慢一些；转换话题时，放缓节奏；在你从学生那里得到你想要的东西之前，永远不要着急往前赶。

值得注意的是，一旦你慢下来你不仅会发现你的课堂更加安静，学生更加专注，而且你还会完成更多的授课内容。学生的听讲和表现也会有所提升，课堂效率会超乎你的想象。

总结

兴奋劲儿是导致行为不端的重要原因，通常不易察觉。像是一种无时不在、无处不在的嗡嗡声，在你的课堂上响个不停。除非你能认识到这个祸根，并从源头上解决它。实践证明，以上五种策略可以让那些最骚动不安的学生平静下来，打破这个邪恶符咒，还你的课堂一片清净。这些策略还可以安抚学生骚动的内心，降低他们喋喋不休的欲望，让他们不再蠢蠢欲动，而是安静地坐在那里。

但是，你不能只是偶尔或者课堂氛围变得混乱不堪时才想到采用这些策略。相反，它们必须成为你课堂的一部分，就像你教室的桌椅和你迫切希望教授的课程一样。

#27 为什么培养服务意识是一种有效的课堂管理策略

鼓励你的学生培养自身的服务意识是一种有效的课堂管理策略。因为服务意识可以让学生产生同理心，把同学看作和自己一样的人，有着同样的希望、感情和奋斗目标。这可以消除校园欺凌，帮助学生提升自我价值。最重要的是，这可以让他们看到捣乱行为，尤其是他们的自身行为，会对周围的人产生怎样的影响，从而帮助他们改正自身的不当行为。专注于服务意识的培养还可以教授学生一些生活经验，让不同的学生友好地聚在一起，增强团队合作。

但是，最大的问题是：如何培养学生的服务意识？怎样才能将学生变成无私奉献的人呢？你可以做下面这三件简单的事情，在开学第一天就鼓励学生为集体服务。

明确什么是“服务”

在你的学生开始超越自我，为他人服务之前，他们需要知道什么是“服务”。为此，我建议教授学生以下定义：

a. 服务是一种主动的帮助。也就是说，不等着别人开口，你就主动伸出援手。

b. 即使是在不方便的时候，你也会寻找帮助他人的时机，并采取行动。

c. 多数时候，服务就像倾听、微笑或只是做朋友一样简单。

或许，你还可以介绍一些具体的例子，比如如何欢迎一名新生，或如何识别某个人是否在苦苦挣扎或情绪低落，以及如何接近他们，该对他们说些什么。

用自身行动来示范

实际行动胜过空洞的言辞，对学生的影响更大。因此，你自己的善举和服务行为（比如问候学生、微笑、询问他们的感受、直视他们的眼睛、倾听他们的心声，甚至伸手捡起掉在地上的铅笔）都会产生很大的影响。这些简单而善意的动作会在学生中传播开来，让学生感到没有被抛弃，迷失自我，或被推到学校文化的边缘（许多教师都曾犯过这样的错误，而且还在继续）。

走出教室，服务他人

正如我在《梦想课堂》（*Dream Class*）一书中所写的，为班级之外的人以及更广泛的学校社区服务，可以让学生的内心平静下来。这种方式可以培养开放的思想，让学生变得成熟稳重，设身处地地为他人着想；还可以让学生摆脱利己主义思想，将注意力从一己私欲转移到更加健康的方面。神奇的一点是，这种变化就在一瞬间。

你可以组织学生帮忙打扫礼堂或花园，或者为特殊教育教室提供帮助。当你们完成服务工作回到课堂时，你会发现学生的内心更加平静和满足。一开始，可能会有少数人抱怨或感到不舒服，但你们做得越多（即便是一些微不足道的小事情），他们就会好奇，并渴望加入其中。

总结

这个策略的一个奇妙之处在于，你不需要为之花费多大的力气。据我所知，在服务他人这件事情上，当今学生特别容易接受。与上一代人相比，这一代人做起服务工作更加自然。

如何腾出时间去做这件事情呢？当你有了良好的课堂管理方案时，你可以从容不迫地应对任何事情。你可以拥有大量自由安排的时间，这是其他教师不敢奢求的时间自由。而且，我还发现，即便某一天的日程安排非常紧张，只要你提前跟学校领导谈一谈，解释为什么你们想去低年级的教室里帮忙，或者想去清理一下公园，他们通常会热情地支持你。

所以我鼓励你去这样做。在你的课堂上，学生不仅能学到知识；而且，通过明确“服务”的定义，在你的课堂上教授学生一些人生课程，让他们获得全面的发展。这种感觉棒极了。施教者和受教者都能从中获得极大的满足，同时还有助于改善你所关注的学生行为，可谓是一举多得。

#28 为什么顾虑重重会对你的教学工作带来负面影响

教学工作当然是一件很重要的事情。但是，如果你不够细心，这项工作可能会让你不堪重负。它可能会占用你过多的个人时间，导致你无暇顾及工作之外的事情。当你与朋友和家人在一起时，也免不了因工作的事情而心烦意乱。

当你太过在意某些事情时，你不仅会疲惫不堪，心事重重，整个人变得很无趣，而且还会犯错，对你的教学工作带来负面影响。当学生调皮捣蛋时，你会认为他们是故意针对你。你会变得暴躁易怒，容易受挫，不那么平易近人。你过分关注学生的成功表现，背负着来自上级领导的巨大压力，以至于你将很多本该学生完成的事情揽到自己身上。

实际上，优秀的教师与学生、课堂甚至学校都保持一定的职业距离。他们认为教学是一场双向的奔赴。也就是说，他们会为学生尽自己最大的努力。他们会打造学生感兴趣的课堂，始终保持和蔼可亲的态度，与学生建立具有影响力的关系。他们会为学生创造良好的学习体验，吸引学生积极参与其中。

然而，他们也期望从学生那里得到最好的回报，这体现在他们所做的一切事情上。从客观公正地实施惩戒到只发出一次指令，再到不愿意妥协让步重新教授学生几分钟前教过的东西，他们的这些做法就是在向全世界表明他们对学生深刻且持久的信念。

看吧，当你越俎代庖，承担起了学生的职责，甚至只是情感上的职责时，就会给学生传达这样一种信息：当他们逃避职责时，可以逃脱惩罚。所以，当你劝告学生承担自身职责时，他们就会表现出一副满不在乎的样子。他们会无视你保持安静的要求。在你的课堂上，他们想听就听，不想听就作罢。他们在课堂上呼呼大睡，扯闲篇，说闲话，百无聊赖，无所事事。他们从来不会想自己俨然坐在一处学习圣地，或者你所讲的内容是他们迫切需要的东西。结果就是教师一人压力过大，而班里的学生却根本不在乎。

在最高效的课堂上，职责的分配和界定都是非常明确的。教师可以很好地完成自身的工作，为学生提供成功所需的一切，然后将作业任务、课本讨论、实验操作和问题解决的职责全部交给学生。

你的工作是教导、激励和监督学生履行职责，这一切完全在你的掌控之中。如果你能将全部精力集中在这三个核心职责上，并下定决心，将其余责任交给你的学生，你的压力就不复存在了。同时，整个课堂的氛围也会发生变化。骄傲自满和漠然置之的态度将消失不见，整个课堂变得活跃有序。

你的学生将会感受到自己肩上的职责。他们要认真学习，好好表现，这是他们应该承担的责任。他们会尊敬你，不愿惹你生气。良好的师生关系也是水到渠成的事情。

你不再感到心烦意乱，不再痛苦不已或心灰意冷。你会有足够的精力打造自己的理想班级。你和你的学生保持着同样的精神面貌：心情愉快但意志坚定，内心平和但胸有成竹，内心知足但行事果断。

一切都是课堂本来该有的样子。

#29 让学生开口闲聊的时机

人们对课堂管理存在一种普遍的误解，即有效的课堂管理应该是寂静无声的。这样的课堂管理规则僵硬死板，处处严格限制学生。我们认为这是一种糟糕的课堂管理模式，因为它限制了学生在社交和知识学习方面的发展。这会让学生感到厌倦和愤恨，产生厌学情绪。在这样的环境中，学生每天都痛苦不已，在紧张和焦虑中苦挨度日，直至退学。

当然，在一天的学习过程中，学生需要在一定的时间内保持安静。举个例子，自主学习是学习活动的重要组成部分。**但这只是一种知识性学习的策略，并不是教师控制学生的一种方式。**

为了创造健康良好的学习环境，学生需要休息。他们需要活动活动，放松一下，恢复专注力。教师带领全班学生做运动是一个不错的放松方式。开合跳、手臂画圈、原地慢跑都是缓解疲劳的简单方法，让学生为下一场学习活动养精蓄锐。跳舞和对口型唱歌效果也很不错，而且还非常有意思，这取决于你所带年级的高低。课间的短短几分钟，可以为这一天的学习活动增添调剂性趣味，给学生们另一个热爱学校的理由。

有一种特殊的休息方式貌似效果最佳。这种方式快速且简单，而且学生们也喜欢得不得了，那就是闲聊。

有一点需要特别注意，即当学生自行闲聊时，放任不管并不是一个好的策略，只会让事情变得更糟。我所说的闲聊形式是由教师组织和定义的。换句话说，在让学生放松之前，你首先要示范休息时闲聊的样子。你可以向学生准确展示何种闲聊方式是合适的，何种是不合适的，以此来表达你的期望。别忘了提醒学生，你会像往常一样，严格执行你的课堂管理方案。

建议给你的学生留出两分钟到四分钟的时间，让他们在教室里走动起来，想找谁聊就找谁聊。至于话题，你可以让他们聊任何他们喜欢的话题，或者，再一次根据你们的年级高低，为他们提供合适的话题。比如："与他人分享你最喜欢的超级英雄，并解释其原因。"

使用开始信号和结束信号，提醒学生这个休息时间什么时候开始，什么时候结束。我喜欢用"起立，跟你的朋友打声招呼！"这样的指令，立马开启休息时间；简单地说声"时间到！"来结束这一互动。休息时间结束后，当你准备好继续下一节课或下一个活动时，你会发现班里的学生更愿意接受你的课堂安排。他们的坐姿更加端正，听讲也更加专注。他们的精力更加充沛，注意力也更集中，头脑也更清晰，对课堂内容的理解也更加充分。

给学生留出几分钟时间，让他们找朋友聊一聊，其实是一件简单的小事。但它可以让学生释放身体里躁动不安的情绪，唤醒他们的身心，让全身血液流动起来；激活他们的大脑，调动他们的积极性。这种闲聊既能够让学生平静下来，又可以激发他们的学习动力，让他们为未来的挑战做好准备。

#30 大声朗读如何改善学生行为并培养其对阅读的终生热爱

我喜欢大声朗读，我发现这是教学的一大乐趣。按照特定的方式操作，大声朗读也可以成为一种有效的课堂管理策略。它可以激发学生对学校和学习相关事物的兴趣，带给学生惊奇、欢笑、泪水和冒险体验，让学生充分发挥想象力。

可悲的是，近年来，朗读的乐趣已经被满堂灌的教学消磨殆尽。

主题句是什么？

你能从背景设定中推断出什么？

有什么证据可以支持你的结论？

你能预测接下来会发生什么吗？

你对故事的主角有什么看法？

你觉得他们在想什么？为什么？

在便笺上写下你的联想和注释。

转过身来，告诉同伴在类似情况下你会怎么做。

在这个过程中，我们限制了学生创作优秀故事的想象力，扼杀了孩子的天性。我们磨灭了他们的激情和兴致，忽视了他们的幽默、悲伤、迷茫以及其他最真挚的情感，让一切都变得平平无奇。我们毁掉了杰作原有的魅力，将其变成了另一种形式的作业练习，导致学生不再热爱阅读。实际上，如果我们只专注于成为材料的管理者和传递者，那么，学生就可以自然而然地掌握我们试图强加给他们的所有技能，而且效果也更加明显。

同时，我们要让自己的课堂变成一个享受纯粹阅读乐趣的地方，这无疑是最重要的一点。让学生想要去倾听，去了解，对世界充满好奇。他们完全沉浸于阅读，达到了忘我的境界，他们的脸上会有怎样的表情呢？这种忘我的精神会蔓延至每一门学科以及课堂管理的方方面面。我们为什么要去打扰他们呢？

以下5种方法可以确保课堂的朗读更加有效，而不是沦为一件苦差事。

不要停下来

一旦你开始大声朗读，不要停下来，直到用尽所有时间。不要停下来分析课文，解释词汇，提出问题，让学生讨论。而是要让学生被故事本身所吸引，让他们通过自己独特的想象力来描绘情绪、场景、背景和人物。当你描绘画面的时候，让他们进入另一个世界。

不要讲授阅读技巧

如果你需要教导学生学习优秀的读者如何自然地思考，那么，你要把这些教导课程与大声朗读分开。首先至少要读完那些伟大的书籍和诗歌，然后将其暂时放在一边。从不相关的摘录、短篇故事或非虚构文本中抽出一段，讲授阅读技巧。尊重故事本身和作者，按照他们的写作意图，耐心地从开头读到结尾。让故事情节在学生的脑海中不断发展，不掺杂一丝杂念。

不要让学生坐着

虽然大声朗读大有裨益，能够提高写作能力和听课效率，还可以有效改善班集体的行为，但其核心目的是灌输对阅读（和学校）的热爱。为了进一步强化这一目的，不要让学生乖乖坐在椅子上，而是允许他们随心所欲地坐着或躺着。只要保证学生在你的视线范围内，就允许他们以任何适合他们的方式去倾听、去梦想、去想象。

不要强迫学生分享

如果学生愿意，在每天的阅读后让他们分享自己的想法，并没有什么问题，但是分享一定要是自发的、自愿的且非正式的。

给学生留出休息的时间，不强迫他们做结伴分享、书写感受或其他任务。千万不要在你的智能板上张贴任何文本，然后开始在上面做标记。就让故事的波折起伏、戏剧性情节以及对他们的启示按照其原本的方式萦绕在他们的脑海。

不要进行跳跃式阅读

能够大声朗读并分享自己对书籍的热爱是教学中最佳的体验之一。所以，尽情去享受吧。将自己代入每一个角色，使用语音、语调和动作来增加故事的深度和张力。

但是，一定要循序渐进。实际上，要逐字逐句地读。作者花了数月甚至数年的时间，选择了最佳的对话、描述和叙事节奏，以便对读者产生最大的影响。所以，要把书读活了，让它显现出该有的生机，传递其独特的神秘魔力。

总结

可悲的是，大声朗读的教学方式正在从我们的学校和课堂中消失。这一方式正在受到排挤，逐渐被人们遗忘，取而代之的是忙碌低效但更直接的教学指导。然而，在全班学生面前大声朗读可以培养他们对阅读的热爱，这是其他任何方法都无法比拟的。这是你与每一个学生保持联系的纽带，可以保证他们取得学业的成功。

此外，当学生看到你在朗读方面做出了快乐的榜样示范，他们自己也想要尝试大声朗读时，他们的进步速度要快得多。但是，如果教师将朗读视为一系列平庸的技能，学生每次打开一本书都必须使用这些技能，教学效果就不尽如人意。

所以，你要找回大声朗读的快乐。每天找时间大声朗读，把它当作一件神圣的事情去做。不要强迫你的学生去做那些所谓的阅读任务，让他们从中解脱出来，尽情享受故事。让故事渗入他们的每一个毛孔。

通过朗读，你可以为学生勾勒出圆梦巨人憨笑的样子，你可以用质朴的语言描述出夏洛的网，你可以向他们讲述坚定不移的阿提克斯那段慷慨激昂的结案陈词。这些东西会留在他们的记忆中。这将改变他们对学习和学校的看法，并激励他们在以后的生活中保持优秀的阅读习惯，从而真正地爱上阅读。

Part 4

教学指令

#31 如何创建一个独立、积极、成熟的班级

当教师刚开始实施有效的课堂管理方案时，如进行详细的讲解和示范，严格按照书面要求执行，日复一日地坚持一致性……他们会惊讶地看到自己的课堂变得如此和谐，整个班级的面貌焕然一新。

然而，这其中也潜藏着危机。

乍一看，一切风平浪静，但你还是会产生一种常见的错觉，总以为自己做的不够多。尤其是学生在安静地独立学习时，有些教师总会感觉不自在，殷切期望能帮学生做点儿什么。

因此，不考虑任何影响，他们就突然闯入学生专注学习的神圣领地，开始对学生进行事无巨细的指导。他们打断学生，给他们一些提示、意见和建议。每当看到学生脸上露出略微沮丧的表情或者有学生举手时，他们都会“积极地”做出回应，着急忙慌地冲上前去，卑躬屈膝地“嘘寒问暖”。这是一种对学生的纵容、娇惯和宠溺，削弱了学习过程中的一个关键因素，毁掉了学生最渴望且最需要的东西：自由和责任。

反过来，学生们也开始信以为真，以为他们在很多事情方面真的需要你的帮助。他们会纷纷举起手来，请求你的帮助，他们很快就会对自主学习失去信心（一种习得性无助）。这会导致学生变得倦怠、易怒、动力不足，总是希望你能把几分钟前的讲课内容单独给他们重新讲一遍。

虽然严格遵守课堂管理方案能够防止事态失控，但是，一旦产生怠惰感，学生就会开小差，在你看不到的时候，做出一些不当行为。

毫无疑问，你应该向学生阐明对他们学习习惯的期望，以及其成功完成学习任务所需的工具。**但是，一旦学生形成了良好的学习习惯，你必须要学会放手，真正意义上的放手。**向学生传递这样的信息：独立自主学习，无论是个人任务还是小组任务，都必须做到真正的独立。如果学生可以独立完成学习任务，就不要急于为他们提供帮助，允许他们做出自己的选择和决定。

给他们留出足够的空间，让他们去掌控自己的学习计划，这样，他们的想象力、精力和激情就会得到充分发挥。彻底检查学生对课程内容的理解程度，不放过任何一个问题。但是，不要阻挡他们前进的脚步。

将完成学业任务的全部责任转移到班里的学生身上，你只需要退到角落里，观察即可，并保持一种大局观。将更多的在校时间用于独立任务、项目、创造性活动等方面，减少指导式教学的时间。

请注意，指导式教学仍然十分重要。实际上，指导式教学对你能否成为授课专家至关重要。但你必须不断挑战你的学生独立完成任务的极限。学习是他们不断成长和进步的方式，让他们有能力规划自己的学习道路，帮助他们在瞬息万变的世界里做好成功的准备。

你自己要尽可能地从迷局中跳出来，你会发现你的学生变得惊人的成熟、独立和负责。学生的学习动力和专注力将会呈十倍地增加，他们将成为主动解决问题的自主学习者，尤其是那些让你头疼的问题学生。

这个时候，你的课堂管理方案仍然摆在那里，依然发挥着监督作用。你的学生几乎不会再注意到它，因为那个时候，学习的乐趣将占据主导地位。

#32 如何在两秒钟内吸引学生的注意并获得持续关注

吸引学生的注意并获得持续关注的能力至关重要。因为它可以节省宝贵的学习时间，提高学生的听课效率和课堂表现。有了这种能力，你就可以在需要的时候发出教学指令，知道学生肯定会倾听并且能够理解你的指令。这也是一个运转良好的班级的标志。

好的一面是，这种能力教起来并不难。当你在吸引学生的注意时，学生能够在一两秒钟内礼貌地回应你。方式如下：

步骤1：解释原因

跟学生解释为什么你要求他们做的事情非常重要，值得他们花费时间和精力去完成。解释原因是一个很好的做法，适用于课堂管理的各个方面。这是十分关键的一步，不仅可以激励学生不辜负你的期望，而且还可以让课堂氛围变得更好、更加愉快。在此基础上，与学生达成一致。这不仅可以“推销”你的课程，而且还向学生表明，你希望他们能够做好一切事情。

步骤2：选择一个信号

许多教师更喜欢使用铃铛和其他人造声音，来提醒学生注意听讲。

虽然这些方式的效果也很不错（前提是你人要在教室里），但教师自己的声音是更好的选择，因为它有助于培养学生专心听讲的习惯，让学生养成始终听从教师教学指令的好习惯。学生认真听讲是对教师的一种尊重，会影响他们对你的看法，将你视为优秀的课堂引领者。这里推荐一个简单的话术："请注意！"

步骤3：期待得到即时的回应

教师们犯的最大的错误就是在等待回应时给学生留出太多的时间。

当你用任何非即时的词语来表达你的期望时，你的学生会尽可能地拖延他们做出回应的时间。结果就是，你等待他们回应的时间越来越长，直到某个时候，他们直接破罐破摔，懒得搭理你了。你要对学生提出更高的期待，让他们甚至在你没有说完之前就要看着你，认真听你讲话。这样，你就永远不必等待，也很少需要复述讲解过的内容。

步骤4：亲身示范

学生需要确切地看到究竟什么样子才算认真听讲。为了达到这个目的，你可以坐在学生的课桌前，假装自己是一名学生，正在独立自主地学习或者进行小组合作。或许，你还想示范其他常见的学习场景，比如，玩与学习相关的游戏，或者以教师为中心围成一个圈。

找一名学生扮演教师的角色，你以学生的身份参加课堂活动。收到"教师"的信号后，停止你正在做的事情，转身面对他，不要乱动，认真地去倾听。你正在设定自己对学生的期望标准，所以，应该准确地向学生示范你想让他们怎么做。加上"不要做什么"也是一个不错的主意。

步骤5：让练习变得有趣一些

带着愉快的心态进行日常规范的实践，提出对学生的期望，总是可以获得他们更大程度的认可。当学生进行小组式合作学习或者参与其他学习活动时，对他们说一些“傻里傻气”的话，他们的学习将会更快、更深入、更持久。任何搞笑的话语都可以。我以前会对学生说“嘿，嘿，你在说什么”和“巴拉，巴拉，巴拉”等。你的话语越搞怪，效果越好。让学生们交谈30秒左右，然后要求他们认真听讲。持续不断地练习，直至学生能够在两秒钟内回过神来，安静地看着你。

总结

最好尽快进行这一日常规范的练习。让你的学生做他们的小组任务，或者其他任何能让他们起来四处走动或相互交谈的东西。稍等一会儿，最长不超过五分钟，然后发出指令信号。如果学生做得不对，或者没有按照所教的那样做出正确的回应，你可以进行新一轮练习。

向学生传达这样一个信息：你是一个言出必行的人。**确定这一规范非常重要，因为它能够对学习和课堂管理的诸多方面产生积极的影响**。这一规范可以节省大量的时间，提高学生的听讲效率，并允许你在任何需要的时候对你的课堂进行即时和全面的把控。这与尊重、礼貌和追求卓越息息相关，值得教师花费时间和精力去纠正。

#33 5种应对错误答案的方法

有些人认为，教师绝对不要打击学生的积极性，即告诉那些主动回答问题的学生他们给出的答案是错误的。

我当然理解其中的原因。因为那样会让学生下不来台，会让学生灰心丧气，今后不愿再与他人分享自己的想法。然而，有时候你所寻求的是一个特定的答案。如果你接受所有的回答，认为它们都是正确答案，会让班里的学生困惑不解。

学生需要教师的反馈。他们需要从反馈中不断学习，增长智力。他们需要根据反馈，来调整和深挖相关主题和解决方案，并缩小其范围。

因此，当某个学生对你的提问做出了错误或非常规的回答时，全班学生都需要知道事实真相。与此同时，你肯定也不想让参与回答问题的学生受到打击。那么，有什么解决办法吗？以下五种方法可以告诉学生他们的答案不符合标准，而且也不会让他们感到被拒绝的尴尬或沮丧。

“你是怎么得出这个答案的？”

在这种情况下，你要引导学生，让他们发现自己在哪里犯了错误以及错误是如何产生的。这个技巧的巧妙之处在于，在你进一步的提示和提问下，学生通常会给出你想要的答案。虽然这需要在某个特定的学生身上花一些时间，但这是值得的；对班里的其他学生来说，也是如此。

“你的思路是对的，但没有说到点子上。”

虽然这种评价有些直接，但它肯定了学生的思考，激发他们去做更深入的思考。这也有助于班里其他学生调整他们的思路。当然，这种评价必须是真实的。否则，整个班级的学生都会被你带到沟里去。

“很有意思……虽然这不是我想要的答案，但给了我更多的启发。”

当你听到一些以前没听说过或没想到过的答案时，这是一个很好的回应。学生的想法或解释可能和你想的完全一致，他只是从不同的角度来看待问题。我曾经无数次遇到过这种情况，这说明了保持开放的心态是多么的重要。

“我明白你的意思，但是请记住……”

在这种情况下，学生给出的答案完全不着边际，说明其他人可能也有同样的想法。最好的处理方式是给出相应的提示。为学生提供线索和正确的方向，让他们接近正确答案，但又不完全点破。让学生们努力思索一番，得出正确结论，而不是直接告诉他们。这会让你的课程更有吸引力，自然而然地带领学生进入兴奋的学习状态，去迎接更大的挑战。

“谢谢！”

当很多学生都积极地举手回答问题，并且你想要对所有人作出回应时，对他们说一声“谢谢！”就是一个很好的应对方式。具体操作方式如下：你把所有举手的学生都叫起来，让他们给出自己的答案，你对他们的作答表示感谢，但不评论他们的答案是否正确。等到所有举手的学生分享完他们的答案后，你再向学生展示你正在寻找的答案。这有助于让更多的学生参与进来，让他们都有机会在课堂上轻松地表达自己的想法。同时，也可以让他们在听到别人分享后，思考并修改自己的答案。

总结

做一个率直但是不失同情心的人。教师要对学生坦诚相待，这对学生的社交和智力发展非常重要。学生需要反馈，这是高效教学中极其重要的一个方面，但经常会被很多教师忽略。

然而，这里也存在一个细微的边界，因为我们也想鼓励学生积极参与。我们希望为学生提供足够的安全感，让他们大胆地分享自己的想法和观点，无论他们的想法和观点有多么的疯狂或离谱。这可以让学习变得更有乐趣，而且还可以让你获得一个吸引学生的秘密武器，让学生每天都喜欢上你的课。

以上五种应对方式都是经过实践验证的方法，既能给出真实的反馈，又不会打消学生的积极性，也不会破坏良好的讨论气氛。配上你温柔的微笑和鼓励的语气，你的学生就会继续勇于冒险，不管他们的答案有多么的天马行空。

#34 如何培养学生良好的倾听能力

面对一批新学生，教师总会在课堂听讲方面遇到问题。这是肯定的。纠结和抱怨（许多教师习惯于这样做）只会浪费时间。高效教师只关心自己控制范围之内的事情，只关注解决问题所必须采取的行动。针对不同学生的情况，他们会因材施教，为学生指明前进的方向。

让学生认真听你讲课，并将其培养成一种习惯。方式如下：

在一个地方稳住身形

在一个地方稳住身形，可以让学生将注意力集中在你身上，有助于安抚学生烦躁不安的情绪，平复学生那股兴奋劲儿。这样做可以消除许多不利于学生认真听讲的干扰和障碍，凸显出你讲课的声音，使之成为最大的感官刺激。

嗓音轻柔一些

大多数教师都是大嗓门，误以为这样有助于学生集中注意力。但事实恰恰相反，嗓门太大反而会让学生变得很被动，提不起兴趣；让他们不愿意听从你的教学指令，不愿跟随你的课堂节奏。

良好的听讲状态是积极主动的，要求学生身体前倾，观察教师讲话的口型、面部特征和肢体语言。学生和教师之间要相互迁就，学生履行自身职责，积极思考，认真理解。当你使用柔和的嗓音讲话时，学生会本能地做出这样的反应。

不要絮絮叨叨

如果你讲课总是絮絮叨叨，学生完全没有理由去关注你第一遍说了什么。这样会导致学生养成被动听课和习得性无助的坏毛病，削弱你的话语权。相反，当你只说一遍并期望学生能够听懂时，你就是在鼓励他们积极听讲，参与并有针对性地提出相关问题。

精简语句

你的用词越少，学生听课效果越好，彰显了保持专注和紧扣主题的重要性，只为学生提供成功所需的东西。不要跟学生分享你的其他想法，不要赘述，也不要说题外话。这些东西只会淡化你要传递的重要信息，降低其对学生的影响。

经常停顿

讲话时，记得经常停顿一下，这可以给你的学生留出一点时间，让他们消化你前面讲到的信息。停顿可以给你的话语注入深度，突出其重要性和权威性，并在需要时赋予其戏剧性。停顿还可以让你检查学生的理解程度，观察学生的面部表情，对学生的理解程度及时做出评估。

专注于实践

当你和学生说话时，尽可能地集中在你想让他们做的事情上。对学生而言，这本身更有趣，并能够立马激活他们的可视化能力（想象力）。他们在脑海中会自然而然地想象自己正在做你要求的事情。

此外，成功的课堂是以行动为导向的。这种课堂富有成效，充满活力，并致力于完成教学目标。甚至让学生排队离开教室也可以变成一种很好的教育方式。

总结

经常能听到许多教师抱怨学生在他们课堂上的听讲效果有多么的糟糕，但他们解决问题的方法却很少与他们自己扯上关系。在他们看来，他们的学生才是问题所在。所以，他们反复强调认真听讲的重要性。他们会不自觉地表露出自己的挫败感。他们会在教室里不停地走动，非常高声地讲话，并不断地重复，表明他们对学生完全缺乏信心。

然而，获得良好的听讲效果并不在于学生，而是与教师相关。这关乎教师的讲话方式。教师要照顾到每一位学生，让他们能够跟上课堂节奏，培养他们顽强的意志，使他们养成积极主动的学习习惯。

#35 如何快速给出学生十分愿意听从的教学指令

许多教师都会面临一个令人头疼的问题，即他们貌似无法让学生听从简单的教学指令。为了达到这一目的，他们要花费很大的力气。换言之，他们不能只说出自己的想法或要求，然后静观学生正确执行。他们总是会将注意力放在一些不相干的行为上，不断地发出提醒和警告，引导和劝诱学生完成一些本应由学生自己独立完成的简单任务。

不是所有的事情都需要你躬身示范。你不可能在黑板上写一份步骤清单，也不可能在每次发出教学指令时，都要问学生们有什么疑问。你不可能总是能够抽出额外的五分钟时间（当然，一分钟时间更不够了），让学生排好队，分成两人一组，或者拿出上课所需的材料。每天的课堂时间都不够用。

为了达到最佳效果，避免在每周工作结束时都把你累到怀疑人生，考虑转行，你需要具备快速发出教学指令的能力，并且知道学生会完全听从你的指令，不论是你们之前练习过的日常规范，还是新的要求。下面这个简单的“四步走”策略，可以让你的学生完全听从你的教学指令，不会存在理解偏差，也不会浪费时间。

步骤1：利用冷场的停顿时间

在请求并获得安静的关注后，大多数教师会在给出教学指令之前停顿一下。这是一种自然的讲话节奏，学生早已习以为常。以至于他们经常会利用这个机会，将注意力转移到其他地方。

这是一种近乎条件反射的反应，可能是学生们迷失自我并需要你帮助的主要原因。为了克服这种现象，你只需多停顿一两个节拍，或者直到你开始感到有些冷场为止。这会让学生猝不及防，打破这种后天习得性反应，让他们将注意力集中在你和你给出的信息上。

步骤2：知道你自己想要什么

有一件事情至关重要，即在你的脑海中要勾勒一幅愿景或动人的画面，准确地描述你希望你的学生做什么。在刚开始给出教学指令时，太多的教师仅仅是对自己想要的东西有一个想法或感觉，这导致他们说起话来支支吾吾，说很多题外话，给出一些无关紧要的信息，忽略了重要的信息。

发出教学指令时，言简意赅才是王道。精简你的话语，只留下最基本最关键的部分。从学生所在的位置出发，或以任何他们碰巧所在的位置为起点，为他们提供一条通往实现你的愿景的直接路径。然而，这并不意味着你要省略很多细节，而是为学生提供学业成功所需的足够资源。当然，也不宜过多。

步骤3：使用“开始”口诀策略

“开始”口诀策略的实用性可谓名副其实。为了培养这种默契，在刚开始要发出教学指令时，你可以说：“当我说‘开始’的时候，你们要……”这样做的目的是防止学生冒进，导致他们错误地认为已经知道你想让他们做什么。

换言之，如果学生没有听完或理解你要说的重点内容，他们就不知道如何开展后续的学习，他们才会真正地认真倾听。“开始”是一个可以激发行动的有力词汇，能够让你的学生立即行动起来。

步骤4：密切关注学生动向

在教学过程中，存在这样一种常见的错误，即发出一项教学指令，然后将注意力转移到其他事情上。几乎所有教师都犯过这种错误。例如，当教师让学生排队去图书馆时，他们一边心不在焉地关注着学生的表现，一边转身去拿钥匙或评分表等物品。

这样做会消除你身上两种强大的影响形式：你的眼睛和你的仪态。二者都能直接影响学生是否听从指令。为此，无论何时当你发出一个教学指令，你就待在一个地方，不要动，直至学生完成你的要求；注视着学生，认真观察他们是否理解你的意思，好像在对他们说：“给我看一看你们的表现。”

总结

像所有良好的学习行为一样，遵循快速、程序性的教学指令是一种习惯。通过你清晰的愿景描绘、精练的语言，有节奏的嗓音、认真观察的态度以及从你的每个毛孔中流出的对卓越的不懈渴望，你的学生会逐渐养成这种好习惯。

在进入你的课堂之前，你的学生很大程度上会受到他们之前所接触到的教学因素的影响。不管你认为你的学生能否认真听讲，都无关紧要，与他们未来的表现也没有什么关系。教师们经常会这样说："我今年的这批学生听课状态不行。"好像这就是一种既定的事实。

事实上，所有学生都会做出教师意料之中的行为，只要你采取了正确的策略，你就可以拥有你真正想要拥有的理想班级。班里的学生积极活跃，专注听讲，反应敏捷，个个都是实干家。这与学生以前的表现没有关系。

但是，作为教师，你必须要在课堂上讲一些真正实用的内容。从你自己的行为方式到你对不当行为的反应，再到你如何快速发出教学指令，你必须要向学生展示卓越的课堂管理的样子。一切都是可行的，并且都在你的掌控之中。学生只需要接受即可。

#36 如何向学生发出复杂的教学指令

确切地告诉学生你想要什么，这是一种很好的教学方式。这貌似是一个显而易见的事实，但如果你无法让学生知道你想从他们那里得到什么，他们永远不会照做。

在发出教学指令时，有些教师往往没有做好准备，就着急开口讲话。他们在那里喃喃自语，支支吾吾，吞吞吐吐，看似一副很不确定的样子。“**好吧，嗯，让我们看一看，这是我们要做的**……”他们也很纳闷儿，为什么学生不怎么听从他们的指令呢？

最好先让自己冷静下来，确定你真正想让学生做什么，然后，直接告诉他们。“**当我说‘开始’时，我是想让你站起来，把椅子收起来，排好队，去吃午饭。**”这是一个很好的例子，效果非常不错。教师是在告诉她的学生，她将使用“开始”的信号，这可以让学生更加专注；然后准确地告诉他们她希望学生怎么做，可谓是简单、直接、高效。

然而，如果你们正在进行一项长时间的教学活动，该如何向学生发出指令呢？这对学生来说是一个挑战，对教师来说，也是一个很头疼的事情。学生们刚开始兴致勃勃，但很快就没了兴趣。他们很健忘，一头雾水，不知道要干什么；他们失去了动力，很容易走神。他们会开始嬉笑打闹，调皮捣蛋。场面如此混乱，让人忍无可忍，只想即刻逃离。

要成为一名高效教师，让你的学生专注于学习任务，并鼓励他们独立完成任务，你必须能够给出令人难忘的指令。方式如下：

步骤1：把你的指令编成故事

如果你让自己的指令听起来像是一个有始有终的小故事，你的学生就会非常认真地去听。这很容易做到，你要想象出一个画面：你的一个学生正在努力完成你想让他们完成的每一个任务。故事的力量是强大的，可以让平平无奇的指令变得生动起来，尤其是当学生听到故事中也有自己的戏份时，他们会格外关注。

步骤2：使用“将会”这个词来激发想象

为了将学生加入你的指令（或故事）中，使用“将会”这个词。比如：“**首先，你将会从前面的桌子上拿起材料。然后，你将会……**”当学生听到“将会”这个词时，他们就开始想象自己真的在做你说的那件事情。“将会”是一种记忆装置，让学生在他们的脑海中勾勒出生动的画面。学生认为这是一种期望，他们的确能够做到你所要求的一切，根本不需要你的帮助。

步骤3：加入定位锚点

当引导学生完成你的教学指令时，在其中添加一些简单且无关紧要的任务。比如，你可以这样说：“**当你写完你的假设时，你将会跑出去触摸操场上的篮球架。**”

这种傻里傻气的任务可以作为学生记忆地图的定位锚点。新奇、搞怪的指令有助于他们牢记从活动开始到最终结束的路径。这也会为你的课堂带来很多乐趣。

步骤4：将你的指令演出来

对于包含多个步骤的长时活动来说，详细示范是不太实用的。但是，你可以在全班学生面前，将自己所期待的东西演出来，你甚至都不需要走下讲台。用你的肢体语言和面部表情，将你希望学生完成的活动步骤表演出来。这样更有助于激发学生的想象，帮助他们更好地完成任务。

步骤5：使用蜿蜒的路径作为参考

在黑板架或智能板上，画一条弯曲的路径，并在路径上画一些方框。在每个方框里写一两个提示词，供学生参考。每个方框代表一项任务，引导学生成功完成全部任务。

如此一来，你发出的活动指令看起来就更像是一个故事，学生们是其中的主角。最后一个方框所指的应该是最终的定位锚点，以一种有趣的方式宣告活动的结束。例如，在你的学生记下他们的科学实验的最终结果之后，他们会得意扬扬地举着自己的笔记说："我做完啦！"

步骤6：把责任放在学生肩上

在让你的学生开始行动之前，问他们：**"有没有人从我说'开始'的那一刻起，直到活动任务的最后完成，都不知道究竟该做什么？我现在就想知道，我不希望在活动进行过程中发现还有人不清楚要做什么。"**通过积极主动地询问是否有人不清楚活动安排，你就为学生提供了公开表态的机会，让他们为自己的行为负责，赋予他们更大的责任感。

步骤7：提高难度

当你第一次尝试这种发出指令的新方法时，或许你只能在自己的活动路径上安排为数不多的几个任务或步骤。但是随着你的学生做得越来越好，越来越独立，你会惊讶于他们超凡的能力。

总结

优秀的教学并不一定是一件苦差事。你的神经不需要一直紧绷着，你也不必顶着巨大的压力，才能获得较好的教学效果。然而，当你与学生交流时，你确实需要采用一种他们可以理解的方式。对于大多数日常的课堂状况，最好的方式是直截了当地说出你想要什么。但是，如果你发出的指令包括一些步骤，需要花费一定的时间才能完成，你必须为学生创建一个故事情节。

许多教师将为学生提供个人帮助放在首要位置，而不考虑如何发出更好的教学指令，这导致学生对教师的依赖越来越强。在遇到问题时，他们的第一反应是向教师求助，而不是依靠自己独立解决问题。

然而，如果你能够给出令人难忘的教学指令，让你的学生看到你对他们的期望，并想象他们正在按照你的要求完成任务，这个时候，他们就很少需要你的帮助了。当你为了考验他们，给他们提供更多更大的挑战时，他们会成长为能力出众、独立自主的学生。他们会用眼神回应你："放马过来吧！"

#37 为什么无声的亲身示范是一种强有力的策略

只要操作方式正确，亲身示范能够让你的学生完成你想让他们做到的一切事情，而且在某种程度上，会让他们记忆深刻。然而，问题是大多数教师都不善于示范。他们总是会纠结于细节，重要环节却一带而过。有些地方需要教师进行细致的讲解，并吸引学生积极参与其中，但他们却总想抄近道。并且他们也总喜欢唠叨，而添加的信息只会分散学生的学习注意力。

要避免这些错误，同时保证优秀的教学，一个可靠的方法就是进行无声的示范。原因如下：

让自己变得更有趣

当你开发自己除说话以外的表达能力时，你自然会变得更善于表达，这样对你的学生来说也更有趣。你的面部表情和肢体动作（出于绝对的必要）能够有效传达信息，且极具说服力，并且能够吸引教室里每一位学生的目光。

精简指令

当你进行无声的示范时，可以保证给出最纯粹的教学指令。你永远不必担心措辞选择不当，或者言多必失。

让注意力容易集中

尽管在开始任何示范之前，你仍然需要吸引学生的关注，但一旦你得到了关注，保持关注就会轻松许多。将学生所需的感觉官能缩小为一种（视觉），学生会跟随你的节奏，理解你的期望。

可以毫无障碍地理解你的指令

当你进行无声的示范时，所有学生，包括第二语言学习者，都可以毫无障碍地理解你的指令。这样可以保证不落下任何一个学生，他们也不需要问周围的同学，或者猜测你对他们抱有怎样的期望。这种简单的教学方式消除了学习的障碍。

有助于提升学生的表现

无声示范最大的好处是可以提升学生的表现。当你让学生将他们所学到的东西付诸实践时，你就会看到，你在几分钟前演示过的动作、步骤和行为就展示在你的面前。

总结

虽然无声示范是一种很好的教学指令，但你并不是每次示范都需要采取这种策略。事实是，配上精心挑选的词语和解释，能够产生更好的效果。好的一面是，无声示范可以让你更好地做到这一点。它可以让你的表达更准确，更有思想深度，更具感染力。它让我们看到了这一点：教学指令应该事无巨细但言简意赅、精准定位。它会让你专注于为你的学生传达成功所需的内容，仅此而已。

#38 为什么你不应"嘘"学生以及你该怎么做

当你听到教师"嘘"学生时，说明事情的进展不太顺利。在紧绷的双肩、疲惫的双眼以及将食指压在噘起的嘴唇的动作背后，你会看到一位教师正在教学的崩溃边缘苦苦挣扎。

"嘘"学生让他们安静下来，只会导致不稳定的课堂管理状态，让教师长期处于分心状态，承受巨大的压力。而且，你"嘘"的次数越多，效果就会越差，随着学年的不断增长，嘘声给你带来的挫败感也将越来越强烈。

虽然不像吼叫或责骂那样具有如此大的杀伤力，但嘘声同样会导致学生不喜欢教师。这还会让你看起来不怎么靠谱，让你不知道自己到底在做什么。按照下面的步骤去做，你就再也不会觉得有必要"嘘"学生，或者恳求学生保持沉默了。

做好决定

在开始任何活动之前，决定你希望学生保持的音量高低。提前明确并让学生知道这一点非常重要。毕竟，如果你不知道自己想要什么，你的学生也不会知道。

亲身示范

让你的学生聚集在你的周围，准确地示范你期望他们保持怎样的音量。你的示范应尽可能的详细和真实。你的学生需要看到并体验你对他们的期望，然后他们才会明白怎么做。

实践练习

让学生转向他们旁边的学生，用你示范的音量大小讨论他们最喜欢的电影或其他话题。让他们去练习和实践，向你证明他们理解你的期望。

多加观察

优秀的教师会多加观察，以确保学生达到他们的期望。开始你的教学活动，并密切观察学生的表现，尤其是在最初的几分钟内。

停止活动

在任何时候，如果学生发出的声音超出了你的预期，不要“嘘”你的学生，而是发出信号，让他们注意，停止活动。不论何时，只要学生的音量不符合要求，你就可以这样做。

多加提醒

在获得学生的关注后，告诉他们你期望的音量大小，并提醒他们，如果任何人超过这个音量，你就会对其实施惩戒，正如你的课堂管理方案所承诺的那样。

实施惩戒

认真听讲和听从指令应当成为你的课堂规则之一。如此一来，如果有学生不能或不愿意按照示范练习的要求，将自己的声音保持在要求的范围之内，你就可以对其实施惩戒。

在小组的讨论过程中，当学生试图盖过房间里其他人的声音时，他们往往会提高自己的声音。如果声音过大，足以分散其他小组学生的注意力。这时候只需让他们停下来，让他们做几次深呼吸，然后再重新开始活动。在这种情况下，无须实施惩戒。

设定标准

为你教室讨论的声音大小设立的标准如下：

a. 0级：不要讲话

b. 1级：低声细语

c. 2级：小组讨论

d. 3级：全班分享

制作一张音量提示的小海报，供学生参考，在每次活动之前，简单地提醒他们，比如："今天开大会，我们将音量保持在0级。"

总结

这个做法适用于所有年级。你的学生可能需要一两个星期才能熟悉这一规则。但当他们真正做到这一点时，控制课堂上的噪声和音量层级就会变得非常轻松。可以说，这是一个一劳永逸的办法。你可以对伙伴分享、小组合作、在图书馆浏览资料或者在校园内散步的音量级别设定期望，并进行详细的示范，然后让学生实践。

有些教师不清楚自己想要什么，他们不会向学生表达自己的期望并做出示范，也没有采取合理的策略控制教室的音量，只会发出尖锐刺耳的嘘声。相比于这些做法，以上推荐的步骤效果更佳。

#39 如何让学生在放学前一个小时保持专注

有太多高质量的教学指令被淹没在临近放学的前一个小时。这个时候，学生会变得没精打采，思绪开始游离，也很容易做出不当行为。虽然你现在满腔热情，极力想让学生打起精神，敦促他们继续学习，但是，相比于几个小时前海上巡航式的理想状态，现在就像是带领他们在攀登一座陡峭的山峰。

事实上，对于大部分教师来说，放学前最后一段时间让人感觉如履薄冰。**这次谁会扰乱课堂？我需要多久停下来等一次？我需要提醒、讲解和重复多少次？**

无论你下午一开始有多么冷静，不管你的精力有多么充沛或者决心有多么坚定，事情似乎很少会像你预想的那样发展下去。这个时段很少能够与早上的黄金时段相比。那个时候，学生头脑清醒，注意力集中。实际上，一天中的最后一个小时所消耗的精力比你当天其他时间加起来消耗的精力还要多。但是，不一定非要这样。你可以采取一些简单的步骤，确保在一天将要结束时也能像新一天开始时一样，让学生保持敏捷的思维和饱满的精神。方式如下：

休息一下

在一天结束前一个小时左右，学生们已经身心俱疲了，这时短暂的休息可以起到提神醒脑的作用，让学生摆脱烦躁不安的情绪。这种方法虽然简单，但是可以解决大问题。然而，休息时间的安排方式取决于休息之前学生进行了怎样的学习活动。

如果你的学生一直坐着，特别是学生的精力一直很集中或者一直在独立自主地学习，那么，你必须让他们站起来活动一下。带领他们做一些轻松的运动，舒展一下身体，进行一些简单的瑜伽站姿练习。任何可以加快心跳或呼吸的运动都可以。

你班上的学生或许还需要进行一些社交活动，这是他们期盼已久的事情。给他们留出一分钟左右的时间，他们可以走过去和朋友打个招呼，或者商量一下放学之后去干什么。可以这样说，你正在清理导致学生在放学前最后一个小时走神的主要障碍。

另外，如果你的学生很兴奋，浑身是劲儿，或许是课间休息刚结束或者他们刚上完体育课，那么，就要采用能够让学生们冷静下来，重新集中注意力，找回课堂状态的休息形式。在这种情况下，你可以让学生安静地站在课桌前，双脚打开，双手放在背后。暂停片刻，让他们的呼吸频率恢复正常。然后，带领他们做几次缓慢长时间的深呼吸，通过鼻子吸气和嘴巴呼气，伴随着胸腔的自然收缩和舒张。

在吸气阶段，你还可以让学生将双手举过头顶。在呼气阶段，把手放下来，放至身体前段。重复五次到十次，然后再停顿一下，就可以产生神奇的效果，安抚学生躁动不安的心灵和过度活跃的身体。

严格遵守日常规范

高质量地完成一天的教学工作至关重要，即便在最后几分钟，你也要保证有条不紊的课堂秩序，保证学生们不会乱作一团或做出不当行为；当你与学生进行交流时，即便是在最后一刻，也要与早上的状态保持一致，始终以教学目标为导向。这种日复一日的期望可以让你避免在放学时遇到一大堆头疼的问题。其好处还不止这些。令人惊讶的是，它还有助于让你的学生从下午早些时候到最后放学一直保持专注的状态。

为此，一定要在教学日放学的最后十分钟里，准确地教授、示范并实施自己期望之内的东西。在离开你的教室之前，你的学生需要有明确的目标，让自己忙碌起来。如果这方面做好了，你就不需要多费口舌，甚至不需要指导学生应该去干什么。你的角色应该主要是一个观察者，认真核实学生是否达到了你为他们设定的较高标准。

在安静反思中结束一天的学习

以这样的方式结束一天的日常教学工作：每个学生都安静地站在椅子上，肩上挎着背包，反思当日所学内容。等待学生做好准备，等到所有人都看向你。然后，看着墙上的钟，让学生安静沉思30秒。这样可以保证你的教学日能有一个平静而愉快的结尾，避免学生在放学后大喊大叫、相互推搡和奔跑追逐这些常见的不当行为。

这也可以给你带来一次良机，你可以分享自己今天的感想，对学生们说一些俏皮话，或者说一些鼓励性的话语。与每个学生逐一进行眼神交流，以此作为一种无声的信号，告诉他们排好队伍。当你重新走到队伍前方时，微笑着宣布放学解散，让学生自由安排自己的时间；他们可以回家，也可以去找朋友玩耍。

总结

那些年复一年帮助学生取得最大进步的教师不一定是最有活力的一批人。他们并不总是滑稽有趣或鼓舞人心，他们的课程也并不总是有趣的。但是，与大多数教师相比，他们能够更好地让学生完成任务。他们能让学生保持学习的动力和专注力，鼓励他们抓住宝贵的学习机会。从早上上课铃声响起到最后下课，他们会最大限度地利用课堂的每一分每一秒。

他们已经具备了良好的课堂管理技能，将注意力不集中、插话和耗时的不当行为的可能性降至最低。他们没有将注意力放在教学工作之外，如会议、培训和其他的行政工作，而是重点关注自己与学生独处的时间。这是一种纯粹的时间，可以给教师带来灵感。在这些时候，你会有新的发现，培养融洽的师生关系；在这些时候，每个人脸上都洋溢着幸福的微笑；在这些时候教学会取得重大突破，学生会充满感恩之情。这就是我们所追求的高效教学。

#40 如何激励动力不足的学生

你会表扬他们，会鼓励他们，会找他们谈话，为他们加油打气，对他们提出要求，并嘱咐他们努力学习。但这些做法貌似并没有什么作用。尝试激励动力不足的学生，却以失败告终，这是一个让很多教师都黯然神伤的普遍问题。许多教师对此束手无策，情况依然如故。

但今时不同往日，因为我将与你分享一个可靠的策略，让你着手改善那些最不愿意学习的学生（即对学业几乎没有兴趣的学生）的学习习惯。这个策略其实很简单，就是要坚守诚实的原则。

但首先要注意的是，说到学习动力，我们通常会从我们自身所做事情的角度思考，试图说服学生加倍努力。换句话说，是我们外在的一些做法（如鼓舞、劝说、责备、敦促或劝诱）让这些学生进入努力学习的状态。我们对他们采取的直接行动让他们发生了转变。

然而，对于那些不愿学习的学生来说，这种方法很难奏效。反而显得有些欲盖弥彰，让学生知道这正是教师对他们的要求。你咨询的每一位教育顾问、管理者或专家都会推荐你采取这种激励方式。他们告诉你要日复一日地表扬、鼓励和奖励学生。

然而，真正的学习动力是内在的、持续的，并不是通过说服形成的。不是盲目给学生打鸡血或是故意讨好他们，不是告诉他们不努力学习会有怎样更加严重的后果。这甚至不是动力本身的问题。这关乎思想的启迪，是一种来自学生自身的启迪形式，是内在启迪而非外在激发。

这个策略可以激发学生成功的欲望，不需要你苦口婆心地劝说。它的效果非常显著，而且是可以预见的，所需要的只是你的诚实。

首先是停止过度的赞美。不要再把毫无斗志的学生拉到一边，跟他们谈话，为他们加油打气。不要对他们说他们能为自己做什么，不要试图用你那创造性的词语来引导他们。尽管这看起来有违常理，但仅凭这一点，就会让很多缺乏动力的学生动起来。依靠自己的想法会让人感觉良好，学生会愿意付出更多努力，有时比你强迫他们的时候要多得多。你要关注这一点，但暂时什么也不要说。

与此同时，你要继续关注学生高质量学习的证据，不论多么微小的举动，都不要忽略它。你要基于学生的学习能力，去关注那些让你印象深刻的方面。你要认真观察他们的学习表现，而不是表扬他们，也不要说你为他们感到多么自豪或者他们的努力给你留下了多么深刻的印象。根据你观察到的证据，给出简单诚实的反馈。

干得好。

这句话写得很不错。

这个想法很是巧妙。

这完全正确。

你的结论很准确。

重要的是，你的反馈必须是真实的。那些动力严重不足的学生一下就能辨别出反馈的真假。他们一直处于接收信息反馈的一方，收到了太多的反馈，俨然已经成为这方面的专家了。不要使用你过去赞扬他们时可能使用过的那种夸张的声音和方式，注意这一点同样重要。你只需要低头查看一下他们的学业任务，给出你的评价，接着查看下一位学生即可。当你真正去这样做的时候…… 当你转过身去，头也不回地走在过道时，他们的内心就会开始骚动起来；在你弯腰低头查看学生的学业任务时，他们的嘴角将会闪过一丝令人不易察觉的微笑。他们甚至会紧绷着，不至于让自己咯咯傻笑，那是一种欢乐而又莫名其妙的笑声。

他们将体会到最初的自豪感，不是因为他们自己，不是因为与他人攀比过后获得的自私的优越感，而是因为学业任务本身。这是一种因优秀而优秀的自豪感，来源于比自己更重要的事情。

当你看到学生完成的学业任务，如实地指出其完成的质量如何时，就能激发他们休眠的内在动力。你就像在唤醒沉睡的巨人，就像开辟了一片单独的区域，可以在上面建造吉萨金字塔群一样。有些学生对你为他们提供的任何东西都不感兴趣，当你想费尽心思去激励他们时，你应该将注意力放在他们的学业任务上，而不是学生本身。这样，学生本身才能对学习产生兴趣。

这不是让某个学生完成某项具体任务的一次性策略，而是一项长期策略。通过这个策略，逐渐将厌学的学生吸引至创造的喜悦中，让他们能够集中精力学习，并努力完成任务，让他们深刻感受到一种心满意足的成就感。

#41 激励学生的关键

让你的学生知道你是关心他们的，这一点非常重要。让他们知道你一直在他们身边，这也很重要。让他们知道你只想给他们最好的，这同样很重要。学生事无小事。

如果自己班里的学生相信这一点，教师就能够取得更好的教学效果，因为这让一切都变得更加轻松。专注、成熟、独立……在社交和学业提升的各个领域，你都有能力向你的学生传达一种单向的、没有附加条件的关心和关怀。

但有一个领域受益最大。这是一个众多教师都头疼的难题，也是一个最容易遭人误解的领域，尤其是遭到被委托负责教师培训工作的学区和大学的误解。这个领域就是学习动力。

只要学生知道你将他们的最大利益放在心上，学生就会信任你，相信你说的话。再强调一遍，学生事无小事，因为当学生们相信你说的是真话时，你的话对他们来说才有意义，才能达到说话的目的，对他们带来积极的影响。

我相信你。

你能做到。

你具备成功所需的一切条件。

当这些鼓励的话语出自学生信任和钦佩的人之口时，即便是那些对学习最不感兴趣的学生，也会受到短暂的鼓舞。当你为他们呈上一堂思路清晰、组织良好的课堂，并期望他们能够真正独立完成学业任务时，他们可以让你的课堂面貌发生翻天覆地的变化。

然而，还有一个关键因素。这是一个让很多教师感到焦虑的因素，即便是在教师休息室提到这个话题，也会让人坐立不安。那就是：你必须愿意让你的学生经历失败。

这是一个正确的选择。你的学生必须知道，你不会为他们做一丁点儿的学业任务。你不会一遍又一遍地去教同样的东西。你不会为了让他们完成学业任务而讨好他们。你不能为了让学生及格，就假意接受他们没有付出足够的努力。他们必须知道，他们真的要靠自己。他们必须知道，如果不努力投身学业，他们可能会失败。

在教育界，人们不愿意让学生独自去面对较难的课程。对于教师来说，尽可能多地替学生完成一些事情，已经成为一种荣誉，也是人们对教师工作的期望。学校的管理者会鼓励这样做，教育职业培训师也会给出这样的暗示，当前的教学文化也追捧这种做法。但是，这对学生和教师来说都是一场灾难。这样会削弱学生的积极性，让他们感到无聊和漠然。这样会彻底动摇他们的信心。这也是许多教师感到压力巨大、身心俱疲，进而寻求转行的主要原因。

如果一位教师不愿意让他的学生经历失败，那么学生从他那里学到的唯一东西就是无助。他们唯一学到的东西是他们不行。

但是，如果存在失败的可能，当学生真正面临失败的风险时，他们就会感受到责任的重担，并努力做得更好。这给了他们目标和挑战。同时也赋予了他们干劲、责任和决心，令他们大为振奋/兴奋不已。

当遇到危险时，他们的动力引擎就会运转起来。他们的眼睛就会放光，眼神就会聚焦；他们的精神就会振奋起来；他们的勇气也得到了锻炼，形成了这样一种心态，**即通过努力，他们可以做好一切事情。**

这就是学生学习的动力。这种动力源自充满活力且引人入胜的课程、清晰的教学以及从教师到学生的全面彻底的责任转移，源自教师对学生无条件的关爱，也源自学生乐于承担的学业责任、真正的独立以及非常真实的失败的可能性。

Part 5

教师习惯

#42 消除教学压力的5个简单方法

压力具有很大的杀伤力，不仅局限于身体方面，还会毁掉你的教学生涯，影响你与学生之间的关系，严重限制你管理课堂的能力。

好的一面是，对于教学方面的压力、负担、紧张等负面情绪，你可以做很多事情。即便你很容易会感受到压力，这也不一定是你每天的真实感受。实际上，只需一些简单的策略，你就可以消除教学中的压力。方式如下：

做出决定

这是消除压力最有效的方法之一，其实也是最简单的方法。具体做法如下：在学生到来之前，先将教室的门关上，给自己几分钟安静的时间。闭上双眼，做几次深呼吸，放空大脑。

一切准备就绪，接下来，你要做出一个非常重要且刻意而为之的决定，即无论这一天发生任何事情，你都要保持内心和外在的冷静。

即便是一窝大猩猩大摇大摆地走入你的教室，你的内心也要像山中的湖水一样平静。令人感到惊奇同时也令人感到欣慰的是，你真的能一直保持冷静。第一次尝试时，你可能会感到有些意外。但是，如果你每天都做同样的事情，你真的会变成一个沉着冷静的人。

敢于说“不”

几乎每个教师都能够从使用这个四字短语中受益。事实上，如果你不经常说“不”，那么你很有可能会劳累过度，陷入困境，无法自拔。

现在，有必要说明一点，我并不是让你拒绝承担额外的责任或加入另一个委员会。你要拒绝的是流言蜚语、拖延症、过度细致的管理、磨洋工、与关系好的同事一起发牢骚。

一开始说“不”会让人感到尴尬或不舒服，尤其是在你必须当面告诉别人的时候。但是，一旦你明确了自身立场，你会惊讶地发现，自己有那么多时间可以专注于真正重要的事情。你会惊讶于自己的感觉多么的好，学生对你的反应有多么的积极。事实上，如果你想让自己热爱工作，并且获得最高的工作效率，你必须学会经常说“不”。

勇于接受

许多教师对一些无法控制的事情感到愤怒，比如新政策、计划、课程等。但为什么要这样对自己呢？当新事物出现时，要立刻去接受它，然后转变一下思想，思考如何让它为你服务。这样，你就会获得更佳的体验，压力也会小很多。

你没有时间和精力去反复思考、抱怨，也负担不起精神上的痛苦，或为任何由你的上司决定的事情而焦虑。否则，就会有损于自己的身体健康，自己跟自己过不去。

这些年来，我发现自己可以接受一切事物，并将其为我所用。我总能找到变通之法。或者，如果那不是我必须要做的事情，我就干脆选择忽略。

停止劝说

对于学生的捣乱行为、无礼行为、不认真听讲的习惯以及混乱的课堂氛围，很多教师倾向于依赖自己的说服力，试图劝说学生遵守纪律。即便你天生魅力十足、伶牙俐齿，也不应该出此下策。这样做非但没有效果，而且还会给你带来巨大的负担，因为你要费力去劝导、质问、责备、追责、劝诱、说服、操纵，或者组织完美的言辞，只是为了让学生表现得更好。

相反，你要完全依靠自己的课堂管理方案，让它来帮你处理一些棘手的事情。如果你能充分利用课堂管理方案，让其发挥其应有的作用，很多问题就会迎刃而解。最重要的是，你的内心也将归于平静。

移交责任

几乎所有压力过大的教师都有一个共同点，那就是他们愿意甚至热切地承担学生应负的责任。在上完一堂指导性的课程后，他们没有将完成学业任务（自主练习）的全部责任移交给班里的学生。相反，他们会重复几分钟前刚刚教过的内容，从而打乱了学生学习的进程。

他们会不断地给出提示、提醒和建议。只要学生遇到一丁点儿麻烦，他们就会飞速地冲到学生面前。他们不允许学生苦苦思索学习材料，锻炼学习耐力，或是得出自己的结论。他们认为良好的教学方式就是一味地给予、给予、再给予，实则不然。

过度的细节管理和帮助实际上会让学生形成习得性无助的心态。这些教师不鼓励学生认真倾听，只是纵容学生，让他们过度依赖教师。整个教室满是贪得无厌、学习不能自理的学生，日子久了，会让教师感觉十分疲惫。

总结

如果你总感觉压力过大，那就很难做到高效教学。压力会消磨你的耐心，损害你的判断力，削弱你与学生建立有影响力关系的能力。它还会将紧张和负面的情绪带到你的课堂，虽然你自己可能浑然不知，但对于来你教室听课的人来说，在他们进门的那一刻就立马能感受到这种氛围。

无论你是谁，你在哪里教书，上面这些简单的改变可以帮助你消除教学工作中的压力。但是，这确实需要你的执行力，需要你事先做一些准备工作，承担起相应的责任。这也需要决心和意志，逆水行舟，迎难而上，不随波逐流。但是，你能做到。千里之行，始于足下。

#43 为什么放学后加班是一个错误

对一小部分教师来说，放学后加班是他们奉献精神的一种象征。这让他们觉得自己在竭尽所能地为学生们做事，让他们胸中涌起了一股自豪感。他们喜欢自己是最后一个离开学校的教师，也喜欢由此带来的声誉。

有些教师则是出于责任感而加班。下班之后，到点回家，会让他们心生内疚。所以，他们会做一些善后的工作，进行更多的思考，将自己忙得精疲力竭。还有一些教师之所以留下来加班，是因为他们有很多事情要做。他们忙于计划和准备，坚信自己在这件事上别无选择。他们是为了生存而加班。

但所有的这些都建立在错误的假设之上。因为加班到很晚并不能让你成为更好的教师。事实上，这只会让你变得更糟。

与许多职业不同，如要达到最佳的教学效果，你需要一周中的每一天都处于最佳状态。你需要在应该休息的时候好好休息，养精蓄锐，以最好的状态面对你的学生。你需要保持清醒的头脑和敏捷的思维，有足够的耐心和敏锐的观察力。保持这种状态的唯一方式是让自己暂时远离工作。也就是在合适的时机，头也不回地离开工作场所。这是为了在心理层面上让你与工作保持一定的距离。也就是说，你可以到点下班。

现如今，许多教师表示，他们可以接受长时间的工作，这并没有产生什么不良影响。然而，他们的朋友和家人也会这样评价他们吗？他们能否诚心反思，如果自己休息不好，他们还能否保持敏捷的思维、充沛的精力或放松的心态？他们是否还会乐于奉献，让自己的教学充满乐趣呢？事实上，只需要早一点下班（有时也可以更早）就能消除你生活中堆积如山的压力，让你成为一名更好的教师。

但是，备课怎么办呢？是说教师们备课不足会更好吗？有几件事情需要说明。首先，大多数教师备课的工作效率都很低。他们的注意力很容易分散。他们与同事会面的次数多于实际需求，但在一起只是闲聊，并没有认真去做重要的事情。他们还会陷入帕金森定律的陷阱。帕金森定律是一种将任务的复杂性和重要性与完成任务所需的时间相关联的倾向。

换句话说，如果你给自己留出一个小时的备课时间，你就会花费整整一个小时来备课。实际上，你很可能半小时不到就能完成任务。该定律还指出，如果你给自己留出更少的时间，你会变得更加专注，你的注意力会高度集中。那些可能出现的障碍和不确定性永远都不会出现。因此，可以获得更好的成果。

其次，许多教师纠结于他们到底需要计划什么以及如何去做，所以他们只是坐在那里发呆。他们工作起来断断续续，忙得焦头烂额，白白浪费时间，没有任何成效。他们最终备出的课程拖沓冗长，缺乏方向性，学生很难理解。学习如何精简教学内容是有效教学的关键，这一点鲜为人知，且几乎从未被提及。这是我在《快乐教师的习惯》（*The Happy Teacher Habits*）一书中提到的话题之一，书中还有其他好方法，能够让你早点下班回家，并开始热爱你的工作。

在备课时，最好每节课先选择一件你希望学生能够去做、知道或完成的事情，然后确定最简单、最直接的方法，完成这个目标。设定一个加班的期限，并坚持在期限内完成工作。把灯关掉，把门关上，赶紧下班，不要回头。

去陪一陪你的家人，骑车散散心，去公园会一会朋友。你会更加快乐，压力也会更小，备课也会更有成效。

#44 像裁判一样思考

关于实施惩戒时保持冷静的重要性，我们在SCM上已经有过诸多探讨。我们介绍了保持冷静如何确保让违规学生对自己的行为负责，以及它是如何促使学生反思自身问题的。我们也介绍了保持冷静如何维持乃至巩固你与所有学生之间的关系。只要知道保持冷静的重要性，就能在学生行为不端时避免愤懑郁积或大发雷霆。

在几年前的一篇文章中，我们曾提出了一条建议，引起了很多人的共鸣。在他们看来，这可谓是画龙点睛之笔。这是让他们获得成功的关键一招，让他们避免因学生的不端行为而心烦意乱。

自这篇文章首次发表以来，我们收到了很多教师的意见反馈，我想应该再次分享这一条建议。这是一个简单的类比，但它有助于阐明如何以最佳方式让学生为自己的行为承担责任。

建议如下：在实施惩戒时，要像裁判一样思考。裁判的工作是确保运动员遵守约定好的比赛规则，仅此而已。他们不会根据自己的意愿做出判断或决定。他们手里有一本规则手册，里面有比赛规则的设定，他们保证会严格按照规则行事。他们密切注视着比赛，当看到有人犯规或需要判罚时，他们会吹哨示意，并给出具体的处罚结果。

一个好裁判的标准是沉着冷静并始终如一地按照规则手册作出判

决，其目的是公平公正地对待所有参赛者。一场比赛如果能由一个好裁判来负责，那么，比赛就可以顺利进行，运动员也能大展身手，展现出良好的体育精神。观众甚至意识不到裁判的存在。

但是，如果裁判的判决标准不一致，或者在比赛过程中掺杂了私人的情感和偏见，他们就会失去对比赛的控制权。比赛就会变得松垮起来，偏袒其中一方。另一方的运动员和教练会愤愤不平，失望至极。观众也会怨声载道，愤怒地朝运动场扔东西。

在这一点上，裁判作出判决和教师进行教育很相似。如果教师不能保持始终如一的标准，在对学生实施惩戒时掺杂私人情感，学生会对此愤懑不平，课堂也会乱作一团。家长怨声载道，做出过激的行为。

当你发现学生行为不端时，保持冷静的最好方法就是如实处理，秉公办事。如果有学生偏离了你的规则手册（课堂管理方案），你要像“超级碗”比赛中的裁判一样，将规则坚持到底。不要有丝毫犹豫，不要有任何担忧，也不要大动肝火。因为当你专注于成为一名好裁判时，你不仅能够很好地控制课堂，而且也能够很好地控制自己的情绪。

#45 如何拥有绝地武士[①]式的课堂管理能力

有这样一群默默无闻的骨干教师，他们可以接管任何一个失控的、无礼的或存在其他严重行为问题的班级，并能够在几分钟内控制住局面，让学生尽快安静下来，认真学习。他们站在那里，本身就是一种特殊的存在，一种不容置疑的强大气场在教室里边蔓延开来。学生端正坐姿，腰背挺得更直了，听得更专心了，表现出对课堂应有的尊重。原来的教师几乎不敢相信学生竟然会发生如此巨大的变化。

对于这种绝地武士式的强大气场，我们只能说是他们个人魅力的展现。

这是一种态度，或者说是一种精神状态，它激发了学生心中强烈的渴望，让他们发挥出自己的最佳水平。当被问及为什么在这样的教师面前，他们有如此截然不同的表现时，学生通常会这样回答："我不知道为什么我在琼斯教师面前表现得那么好。她身上有一种魔力，让我想成为一名更好的学生。"但是，这些教师赢得学生尊重的方式并不是绝地武士的"控心术"。事实上，那些拥有这种"原力"的教师并没有什么"超能力"，他们只是想法和大多数教师不同而已。具体表现如下：

---

① 绝地武士是电影《星球大战》系列中崇高且强大的组织团体，由信仰和尊崇原力的保护者组成。——译者注

他们会承担全部责任

无论他们在哪里上课，课堂条件如何，或者不论他们的学生是谁，这些绝地武士式的教师都会为课堂上发生的一切负责，即便是一群伍基人[①]突然从中间蹿出来。他们从不为自己或学生找借口，只是单纯地点燃学生学习的热情，激励他们勇攀学业高峰。

他们具有不可动摇的信念

由于他们是有效课堂管理方面的专家，他们从来都不会产生失败感或挫败感，也不会迟疑不决。他们对自己管理学生行为的能力非常有信心，这种自信体现在他们所做的一切事情上。从他们的行动、说话、教学以及与学生相处的方式中，你可以清楚地看到这一点。正是这种自信，让学生们想去信任他们、追随他们。

他们相信自己的学生

这些卓有成效的教师对他们的学生抱有坚定不移的信念，相信他们有能力适应环境，克服困难，正视问题，改掉阻碍他们实现梦想的坏习惯。

这不仅仅是这些绝地武士式教师所坚信的，而是学生自身品质的一部分。这种自信让学生的笑容更加灿烂，他们身上的每一个毛孔都散发着自信。自信在他们的眼睛里闪现，熠熠生辉。如果他们怀疑自己，那就是对自己最大的背叛。

---

① 伍基人是《星球大战》系列电影中的种族，身材高大，毛发浓密，面孔可怖而凶猛。——译者注

他们知道自己的学生会表现良好

有些教师在课堂管理方面举步维艰，总是担心班里的学生可能会在某个下雨天、某次学校师生大会上或者某次消防演习中突然行为失控。大多数时候，他们只是期望学生能乖乖听话。

而绝地武士式的教师从来不抱有任何不切实际的期望。有了有效课堂管理计划的支持，他们会保持这样一种心态，即不管出现什么情况，或者遇到多少干扰，他们的学生都会表现良好。这是理所当然的事情。

总 结

卓越的课堂管理不是少数幸运儿的专长。你不需要有特定的教养或魅力，不论你是一位初入职场的新教师，还是一位久经沙场的老教师，都能进行有效的课堂管理。你不必有洪亮的嗓音、幽默机智的头脑或优雅的气质，不论身材高矮胖瘦，性格是外向还是内向，都能进行有效的课堂管理。你要相信自己可以做到。

你必须相信自己，学习如何进行有效的课堂管理。如果你想要成为绝地武士式的教师，你必须要像他们那样去思考问题。现在开始行动吧，愿原力与你同在。

#46 如何既保持冷静又表现热情

教师从容不迫的举止可以消除课堂上那股令学生蠢蠢欲动的兴奋劲儿，提高学生的听课效率和专注度，抑制不良行为，让学生快速成长，表现成熟；而且还能让你成为一个更有效的教师。但是，每当我提及保持冷静的重要性时，必然会涉及教学热情的问题。**“我怎么能在表现热情的同时又保持冷静呢？”**这里有几件事情需要说明。

很重要的一点，二者并不相互排斥。教师在课堂上镇定自若的气场，会对班里的学生产生潜移默化的影响，这更多的是一种内在的感觉，而非一种外在的表现。所以，即便你在表演一个十分有趣的故事，只要你的内心是放松的，你的学生也会泰然处之。他们会乐在其中，陪你一起欢笑。他们不会因此变得莫名兴奋，或是做出不当行为，特别是当你始终如一地坚持自己的课堂管理方案时，他们更不会如此。

虽然保持冷静总是好的，但在某些时候，你最好表现热情，另外一些时候，你最好保持矜持。这正是困惑所在。冷静是一种精神状态和身体状态，从早晨上课的铃声响起到放学，保持冷静是高效教师的常备品质，而热情和矜持则是一天中需要不断切换的两种状态。

为了达到最佳的教学效果，你应该将自己的热情留给指导性的课程。所以，当你走上讲台，完成特定的教学目标时，你可以展现出自己热情的一面。用自己的热情去吸引学生，获得他们的好感，帮助他们全身心地投入你的课堂。

然而，当你需要给出教学指示或提供信息时，最好把你的热情暂且先放一放。你最好站在一个地方不要动，放缓呼吸节奏，减少不必要的肢体活动。说话的时候声音要柔和一些，表达准确且清晰。只提供基本的细节信息，帮助学生完成学业任务、实现目标或成功完成日常任务。

前者可以吸引学生的兴趣，而后者则将他们的注意力集中在他们需要做的事情上。很多教师都搞不清楚这一点。他们拍手，敦促，在教室里兴奋地走来走去，试图哄劝学生去做教师期望的事情（包括好好表现）；但是，到了指导式教学环节，却像是在唱催眠曲。

他们絮絮叨叨，一遍又一遍地重复。他们压低自己的声音，压抑自身的个性表达，没有了精气神儿。他们继续埋头赶进度，却从未注意到学生个个没精打采、打瞌睡，或是将注意力转移到更有趣的事情上，比如调皮捣蛋。

卓越的教学要求你一整天都保持冷静，因为这不仅可以消除课堂上那股莫名的兴奋劲儿，而且还能在其他方面让你受益良多。卓越的教学还要求你知道什么时候需要表现热情，什么时候需要保持矜持。把握好这个尺度，你就能取得更好的教学效果。你的学生将会更加快乐，表现也会更好。最终，你的课堂也将会是一片祥和。

#47 教师制造无聊的8种方式

当学生感到无聊时，他们就会走神。一些学生对着天花板发呆，做什么事情都心不在焉；还有一些学生则更倾向于做出一些扰乱课堂秩序的行为。无聊的精神状态是滋生不良行为的温床。

虽然你可以做很多事情来防止学生感到无聊，但我们要知道哪些事情是不能做的，这是避免其负面影响的第一步。下面列出了教师制造无聊的最常见的八种方式。避开这8个注意力“杀手”，你的学生将会在学业任务上投入更多的时间，并且表现得更好。

坐得太久

虽然提高学生在课堂上的注意力和独立完成学业任务时的专注力很重要，但如果让他们坐得太久，你就是在自找麻烦。优秀的教师都善于观察，因此准确地知道何时切换教学方式，让学生起身活动。

说得太多

学生需要喘息的空间，否则他们会形成一种无声的叛乱，把课堂搅得天翻地覆。当你说得太多时，你就在传达这样一种信息，即你不信任他们，你这是在推他们远离你的课堂，让他们对你的课堂失去兴趣。相反，你的语言越简洁，学生就会越专注。

将简单的事情复杂化

对于人们常说的严格教学，许多教师都有误解。他们误以为这意味着他们需要让自己的教学指令更复杂、更高深、更冗长（这是学生不能取得进步的主要原因）。而最高效的教师会简化、分解、删除那些非必要的内容，让学生更容易理解相关内容。

将有趣变无趣

多数标准的年级学习主题都很有意思，但你的学生却不知道这一点。事实上，根据他们过去的学习经验，许多学生认为学习主题非常枯燥。你的工作就是让他们知道事情的真相，为他们提供关心你所教内容的原因。许多教师只是对学生说教，却忘记了最关键的要素——推销。

只谈论行为却不采取行动

那些在课堂管理方面苦苦挣扎的教师往往会没完没了地谈论学生的行为表现。他们会召开班会，想通过谈话来解决问题。他们一遍又一遍地重复同一个话题，学生对此不胜其烦。有效的课堂管理在于行动，你要付诸实践，坚持到底，让学生为自己的行为负责，而不是纸上谈兵。

过分指导，疏于观察

多数教师每时每刻都在不停地指导学生，事无巨细，手把手教学。这种教学方式不仅效率低下，而且还会降低学生的学习热情。相反，你要凭借清楚明确的日常规范，让学生在课上保持清醒，充满活力，为自己的行为负责；而你只需要站在一边，冷静地观察他们即可。

课堂节奏拖沓低效

好的教学要注重时间的有效利用、节奏的循序渐进以及精力的合理分配。上完一节课，接着后面还有下一节课，做完一个活动还要赶往下一个活动，实现了一个教学目标还有下一个目标。快速且有目的的课堂节奏能够迫使学生保持警觉，注意力高度集中。

未能做出调整

不管你在一天结束的时候要赶什么进度，也不管它看起来有多重要，当你注意到学生出现萎靡不振的状态时，你必须做出调整。有时候，你的学生需要的只是舒展一下身体或者跟朋友打个招呼。有时候，你只需要简单地将学生的注意力转移到其他事情上。

总结

在学习过程中，集中精力的能力非常重要，但也经常被忽视，所以让学生限时完成学习任务是一件好事。但是，这里也存在一条细微的界线。当学生越过这条界线，感觉无聊时，他们肯定会做出不良行为。好的一面是，通过避免上面列出的常见错误行为，你可以避免制造无聊，并激发学生学习的积极性。

#48 为什么和善的态度是一种强有力的课堂管理策略

人们经常误以为高效的课堂领导者必须有强大的气场。你必须打起精神，昂首挺胸，阔步穿梭在学生中间。你的声音一定要洪亮。你必须有敏锐的观察力，眼睛必须是眯着的，紧盯着某个地方。

虽然强大的气场很重要，但它并非来自过度自信、过度强势或逞强好胜，而是源自和善的态度。原因如下：

和善的态度可以赢得尊重

学生最喜欢冷静、公平的课堂管理方式。他们重视诚实和善良。他们尊重拥有这种品质的教师，也愿意在他们的课堂上认真听讲努力学习。学生年龄越大，就越契合这种情况。

和善可以减小压力

不需要多费口舌，和善的气场就可以消除课堂上的压力、紧张和焦虑。它具有一定的安抚作用，降低学生的兴奋度，让他们少走神儿（这是导致行为不良的两个主要因素）。这样，你的课堂可以更高效。

和善可以降低阻力

冷静并始终如一地实施惩戒可以降低与学生发生冲突的可能性，避免学生就其不当行为进行争辩、抱怨或撒谎。相反，他们会默默地为自己的行为承担相应的责任。

和善可以建立良好关系

和善的行为举止会让你变得更讨学生喜欢。实际上，这是一种建立强大影响力和良好关系的简单方式，并且具有可预测性，让一切变得更加轻松。

和善令人感觉舒适

带着一种从容、随和的态度开启每一天的工作，会让你更加快乐。即便遇到麻烦，你也不会紧张。即便遇到难缠的学生，你也不会生气。每天工作结束时，你都会感到神清气爽。

总结

情绪失控是一种软弱的表现，这个时候，你会训诫、斥责或责备学生，而不是按照你的课堂管理方案行事。软弱是你在处理学生不良行为时掺杂私人的情感。

而和善与软弱不一样。和善是一种强大的力量，它代表能力和自信，表明一切尽在你的掌握中。你的学生可以放松身心，专注于他们的学业。

这并不意味着你的课堂不需要活力和激情，也不意味着你不需要表现热情，或是依照高标准要求学生。和善并非昏昏欲睡的困倦，也不是前怕狼后怕虎，畏缩在角落里。它是一种泰然处之且令人安心的管理课堂的方法，让每个学生都知道你是一个值得追随的领导者。

马丁·路德·金是一个和善的人，罗莎·帕克斯和亚伯拉罕·林肯也很和善。地球上最快乐、最高效的教师也是如此。

#49 如何与态度冷漠的家长交谈

在很大程度上，“态度冷漠的家长”属于用词不当。99.9%的家长都爱自己的孩子，只是他们表达爱意的方式容易被人误解。他们可能不会在任何需要家长反馈的文件上签字，他们可能不参与、不在意家校活动，或者更糟，他们可能一心只想过好自己的生活。

然而，几乎没有家长不是真心想为孩子提供最好的条件。在与那些看似态度冷漠的家长谈话时，关键在于说到点子上，即谈一些他们真正在意的东西。具体方式如下：

建立联系

第一步是坚持不懈地进行私下联系。大多数教师只是尝试拨打档案中的一两个电话号码，如果联系不上家长，随后就放弃了，改为发送电子邮件。邮件犹如石沉大海，永远都等不到回复。

你必须要多做一点点。你可能不得不打电话给家长工作的公司或单位。你可能不得不给他们的邻居、亲戚或者朋友的朋友打电话。你可能不得不选择等待，看一看是谁来接孩子放学回家，并与之交谈。只要能让家长接电话，一切都值得，甚至可能足以改变某个学生的人生。

许多家长之所以很难联系上，多数只是因为教师从未真正去联系他们。所以，如果你不辞辛苦地打电话到他们的工作单位，或是通过某个邻居联系到他们，他们通常会表现得非常客气，心里很是高兴，对你感激不尽。

对他们表现出尊重

对家长表现出应有的尊重，与他们交谈时，把他们当作年度最佳家长，将他们与那些积极参与学校活动的家长（每次学校活动都冲在最前头、热心贡献自身力量）一视同仁，给他们足够的面子。

这种表面上看起来充满尊重的语气和表情具有神奇的功效。很少有人对他们如此尊重，作为回应，他们也会变得积极起来，让自己配得上这种尊重。

提醒他们履行家长职责

不知何时，许多教师养成了一种可怕的习惯，即暗示或直接命令家长对他们的要求做出回应。许多教师甚至会表现出高人一等的样子，给出一些所谓的建议。但是，如果家长没有明确请求教师给出建议，那你就越界了。这会让家长产生抵触情绪，让他们感觉自己低人一等，而且几乎可以肯定的是，他们不会将你的建议传达给孩子。

最有效的方式是从积极的方面入手，然后再善意地向家长传达事实信息。“您的女儿今年在我班上，我很高兴。她很外向，会问一些非常棒的问题。但是，她没有完成家庭作业，我担心是不是有什么困难……”一针见血地指出问题，但是要保持尊重的语气。绝对不要表现出不满情绪。挂电话前，记得加上这句最重要的说辞：**“我之所以想私下联系您，是因为我想让您了解这个情况。”**

这种和善且有力的提醒能够直击人心。你会听到家长在电话那头叹气的声音，他们的态度也会缓和起来。大多数家长会对此表示十分感谢，并请求你与他们保持联系。利用这个机会，邀请他们来你的班里做客，或者告诉他们即将发生的事情，也是一个不错的主意。

总结

虽然看似微不足道，但当你以一种非评判的方式与态度冷漠的家长联系时，几乎总能产生深远的影响。他们会开始询问，孩子这一天表现如何。他们会询问孩子的行为表现和家庭作业的完成情况。他们会变得更有责任感。基于你始终如一地践行自己的课堂管理方案，你肯定会看到他们孩子身上的变化，这是一种必然的结果，就像春天来了，树叶会变绿一样。

最大的回报莫过于某一天他们会成为你班上的“不速之客”。他们将会突然造访返校日或自愿参加校外研学旅行，他们会瞪大双眼，表现得有些拘束和迟疑。然而，一旦你微笑着和他们握手，一旦他们深入了解了其他父母和孩子，适应了这样一种环境，他们就会精神焕发，积极主动起来。

#50 如何应对"护犊心切"的家长

当今时代，如果你始终如一地执行自己的课堂管理方案，注定会出现这种问题。某位家长找到你，抱怨的不是某件具体的事情，也不是他家孩子做了什么事情违反了班级纪律，而是抱怨他的孩子受到了惩戒。

换句话说，他们并没有否认自己孩子的不当行为，但令他们不悦的是他们的孩子受到了惩戒。他们不喜欢自己的孩子被罚禁闭或者午餐后留堂，或者任何其他形式的惩戒。

面对这种情况，很多教师都不知道应该说些什么。

值得一提的是，家长对惩戒结果有怨言，通常只是因为孩子的一切表现都不像他们所期望的那样顺利，他们感到有些失落，感觉自己受到了冒犯。这会毁掉他们一天的好心情。他们特别执着于对孩子成功的愿景，因此他们会提出放孩子一马，或者给孩子一次机会。

虽然这种情况不太好处理，但是，最好的处理方式就是诚实。参考以下三个步骤：

友善待人

不论家长表现得如何愤怒或失落，以牙还牙的方式是绝对不可取的，它只会让情况变得更糟。最好的办法是妥协让步，任由家长发泄情绪，然后，用温柔和善打动他们。

与家长打招呼时，要保持微笑，即便你们是在电话里交谈，友善也能传递给家长，并感谢他们能与你交流。简单的友善态度有助于消除家长的失落情绪，并传达出这样一种信息：你是称职的、专业的、值得信任的。

认真倾听

给父母留出尽可能多的时间，让他们表达自己的感受。通常情况下，他们只是想向别人倾诉，理解你所做的事情是对的，是为孩子好。所以，不要鲁莽行事。不要着急打断他们或是反驳他们的每一个观点。什么都不要说，你只需要认真倾听，点头示意，并表现出你对他们要说的话很感兴趣。

等到家长说完，对他们表示感谢，感谢他们向你表达了他们的担忧，感谢他们一直陪伴在孩子身边。

直言不讳

最有效的回应是直言不讳和开诚布公。不要拐弯抹角或支支吾吾，要自信地坚持自己的立场，展现出自己的领导风范，就像是每天面对学生一样。看着他们的眼睛，（但仍然保持友善的态度）说：

> 这间教室里的每个学生都有不受他人干扰，享受学习与学校生活的权利，包括你的孩子，而我的工作就是保护这一权利。正如我们的课堂管理方案中所言，一旦有学生违反规则，我就会对其实施惩戒。如果我放任不管，如果我允许学生扰乱课堂秩序却不追究他们的责任，那么我就会失去对课堂的控

制，学生的学习也会受到不良影响。此外，公平公正的问责制可以鼓励学生为自己的错误行为负责，这是一种健康的教育方式，能够防止他们再次犯错。

然后，简单地跟他们分享一些关于他们孩子的正面的事情，或者表达你是多么喜欢他们的孩子能在你的班里上课。就这样说，无须多言。

总结

坚持你的立场。这样做的目的是向他们表明，追究责任是一件好事，是良好教育的一部分，可以让学生为自己的行为以及未来的成功做好准备。如果你遵循上述步骤，那么家长很可能会对你课堂管理方案的真正目的表示理解和感激。

但是，如果他们不理解呢？那就随它去吧。这不关你的事。无论这种家长的抱怨声有多大，你要继续保持冷静和友善的态度，把他们送到门口。正如你对学生始终如一的要求一样，你对待家长的态度也要保持始终如一。你是教师，也是课堂的领导者，就应该这样做。

你的工作是做出对学生最有利的决定，首先是保护他们在安全、安静、无干扰、无欺凌的环境中学习的自由。这种保护会涉及对其造成威胁的一切人和事，包括学生的父母。

#51 如何避免愤怒的家长抱怨

教师们给我们发邮件，讲述一些家长大肆咆哮的恶劣事件。他们描述了这些家长如何打断他们的课堂，当着学生的面质问教师。他们还提到有些家长闯进校长办公室甚至是学校董事会会议，强烈要求解雇教师。

某些家长对教师处理学生不当行为感到不满，这些都是他们做出回应的方式。其实，所有的问题都是可以避免的。具体方式如下：

让家长签署知悉同意书

在开学的第一周，给家长寄一份你的课堂管理方案。家长在阅读之后，如果没有异议必须签字并返还。这样做的目的是让家长充分了解你的班级对学生行为的期望，以及学生如果犯了错误，会承担怎样的责任。

回顾你的课堂管理方案

在返校日相关的文件中，一定要让父母知道，你会详细回顾你的课堂管理方案。这样，你就能做到有迹可循，为家长提供了解更多信息和表达担忧或提出相关问题的机会。

在返校之夜，从头到尾详细讲解你的课堂管理方案。告诉家长，当学生行为不端时，你会采取怎样的具体措施。跟家长强调这一点，即方案的目的是保护每个孩子学习和享受学校生活的权利。最后，承诺你会严格执行自己的课堂管理方案。表达要清晰、自信。这样，家长就很少会提出疑问，家长以后会感谢你的。

履行承诺

既然你已经公开承诺保护你的课堂不受干扰，就必须坚持到底。在这一学年的每一天，你都要保持始终如一。如果你出尔反尔，如果你说教、斥责学生，或放任不当行为而无须承担后果，面对家长的投诉，你就很难为自己辩护。

但重点在于：你做出的承诺会让你更容易保持一致。你要记住所有在通知文件上签字的家长，记住在返校之夜看到的所有家长，你将会以正确的方式对待他们，你要对得起他们对你的信任。

总结

如果你遵循上述指导，你就不会被家长投诉。没有人会抱怨你，即便是返校之夜一个家长也没有到场。然而，如果发生了闻所未闻的事情，某位家长确实表达了担忧，那就不是你的问题了，而是与你的课堂管理方案有关系。这没有商量的余地。你要礼貌地做出解释，表示你将继续保护班上每个学生学习的权利，营造安全和满意的学习环境，这样做就可以。

在99.9%的案例中，家长之所以投诉教师，是因为他们孩子学习的权利受到了威胁；他们的孩子不得不忍受混乱的环境。这时，教师非但没有采取公正的方式追究相关学生的责任，反而严厉斥责学生，或者完全忽视了不当行为。

避免家长投诉的秘诀是从第一天起就将你的课堂管理方案的细节公之于众。让每个人都能参与其中，包括家长在内并留下记录。

然后，去践行你的承诺即可。

Part 6

挑战行为

#52 如何应对撒谎和抵赖的学生

当你正在监督班里的学生整理科学实验材料时，你注意到一个学生在踢前面一个男孩的脚跟。但是，由于你已经习惯了放任学生的不当行为，你决定先观察一段时间。看到前面的男孩转过身来，他要求那个学生停止自己的不当行为。但是，刚消停了一会儿，那个学生又开始踢了。你在心里记录下学生的一举一动，等他们一坐下，你就走上前去。

学生看到你走过来，没等你把话说完（“我看到你踢了达伦，那……”），他们就开始态度强硬地否认自己的行为。“没有啊！我什么也没干。噢，天哪！我谁也没踢。”你的第一反应是驳斥学生的说法，证明你是对的，他们是错的。“不对，你踢了。我在教室那边亲眼看到你踢他了。不要撒谎，你要为自己的行为负责。”

但是，这样只会让你陷入争吵之中。这将会让你和学生站在同等的位置，让你和学生之间的争吵变得冠冕堂皇。这种情况很是常见，许多教师每天都会遇到这种难题，不知道如何解决。这着实令人懊恼，压得人喘不过气来。

好消息是，这是完全可以避免的。所有的一切都可以避免，包括撒谎、否认、争吵和压力。若想避免这一切不愉快的经历，你可以采用以下三个步骤：

了解事实真相

你应该先走上前去，了解事实真相，然后实施相应的惩戒。这样可以突出“以逸待劳”的重要性，消除一切似是而非的推诿，明确谁应该为此负责，以及学生违反了哪些规定。

如果你不确定，那么在与学生当面对质之前，先搞清楚事情的真相。仅这一步就可以让你省去一大堆麻烦事。然而，就像上面提到的教师一样，即便是这样，也避免不了冲突。因此，接下来的两个步骤至关重要。

实施惩戒

你了解到了事实真相，就不会与学生发生争吵了。你不需要向学生询问事情的缘由。学生也没有理由对你撒谎或是否认自己的行为。你只需要走上前去，告诉学生：“现在给你一次警告，因为你违反了第三条规则。”

大多数情况下，这就是你需要说的全部内容。但是，如果你不确定他们是否知道你说的是何种不当行为，你可以加上一句：“你在整理科学材料的时候踢了达伦一脚。”

迅速转移注意力

告知学生惩戒结果，然后，转身离开，无须多言。等待学生回应就是在邀请他们与你争论。由于你已经对你的课堂管理方案进行了彻头彻尾的讲解、示范和实践，学生十分清楚你所谓的惩戒意味着什么。

他们知道你有确凿的证据。他们知道，在你的课堂上，保护学生学习和享受学校生活的规则是神圣的，没有商量的余地。他们知道争论、否认或埋怨都是徒劳的。他们唯一要做的就是为自己的行为承担相应的责任。

总结

许多教师联系我们，想知道当学生撒谎、大喊大叫、乱发脾气、拒绝反省或做出其他咄咄逼人的故意行为时，应该如何应对。我们很乐意探讨这些话题。避免冲突的发生是解决问题的诀窍。上面的三个步骤就是完美的例子。在了解事实真相的情况下，实事求是，冷静地告知学生对其实施的惩戒方式，然后走开，你就可以避免导致学生做出用以推卸责任的一贯行为。你可以避免学生与你争论或发出抗议，你可以避免被蒙在鼓里，避免看到学生一脸震惊的表情。你还可以避免被学生操纵，虽然某些学生操纵教师的手段很是高明，他们身边的很多成年人（包括教师）都很吃他们那一套。

但重点在于：当你言行一致时，当你公平公正且始终如一地对学生实施惩戒时，当你通过保护学生安心享受学习和学校生活的权利来向他们展示你有多么关心他们时……他们会因此而爱戴你、尊敬你。

#53 为什么你不应试图说服问题学生遵守纪律

从弗雷斯诺到加德满都，以及在全世界范围内的教室里，下面这样的戏份每天都在上演：一位教师将平时犯错误最多的学生叫到一边，进行私下谈话。有时是一顿说教，有时是加油打气，有时是威胁或是像庭审律师一样质问学生。但是，教师找学生谈话的目的都是试图说服学生遵守纪律。他们试图使用自己的语调和创造性的言辞激励学生，让学生改变自身行为。虽然可能会产生一些立竿见影的效果，但这种效果并不能长久。实际上，可能还会导致不良行为的恶化。因为当你试图说服学生好好表现时，你就是在告诉学生这对你有多么重要。你是在让他们知道，他们的行为对你有多大的影响，会给你带来多大的压力。

这样的谈话会让你失去筹码，削弱你对学生的影响力，让你在师生关系的处理中处于下风，将自己一整天心情状态的决定权交到了问题学生手里。这会让你在问题最多的学生面前暴露出自己的软肋，让他们有能力主宰你一整天的心情好坏。你要知道，他们平时可不会想到这一点。当你的领导力根基出现了裂缝时，不管这个裂缝多么细小，你的学生都会见缝插针，或者说试图从你手中夺取班级的控制权。

要改变问题最多的学生，真正改变他们的行为，你绝不能表现出这种改变对你有多重要。除非你的谈话涉及私密信息，否则最好不要将学生拉到一边，与他们进行一对一的交谈。

如果他们的行为有问题，你只需执行自己的课堂管理方案即可。保持冷静的态度，实事求是地实施惩戒。假装你一点儿也不在意他们是否会违反纪律。告知其惩戒结果，然后转身离开。绝对不能让他们看出你的焦虑。

然而，如果你注意到他们的行为确实有了改善，那就直接坦诚地告诉他们。

你这样做就对了！

我觉得你今天很棒。

你做得棒极了，干得漂亮！

我就知道你能做到。

与此同时，通过你坚定从容的处事方式（包括日复一日的始终如一的坚持、和蔼可亲的态度、风趣幽默的性格）来增强你的影响力和领导力。

通过你的微笑、问候和友好的玩笑，向学生展示，向他们证明，每一天都是新的一天。做学生愿意追随的领导者，而不是卑微的屈从者。你不能将学生拉到一边，对其示好，或是恳求、哄劝、诱导或操纵他们。清楚明确地表明你是信任他们的，他们是能够改变自我的。他们每天都可以在你的眼神、表情以及你整个人身上感受到这一点，并开始享受这种信任，这是一个不可否认的事实。

这会让学生改变自我。

#54 一种彻底改造问题学生的方法

每天总有学生扰乱你的班级秩序。他们总是让人不胜其烦，把你搞得很是疲惫，耗费你大量的时间和精力。你花在他们身上的时间比其他十个学生加在一起的时间还要多。他们停留在你的脑海中，挥之不去，下班休息时间也不例外。你会与自己的另一半说起他们的事情。这些学生扰得你心神不宁。

你日复一日地追究他们的责任，对他们实施惩戒，但总是收效甚微。他们可能会收敛几个小时或是一天，但是之后又故态复萌，又回到了以前的老样子。这会让你疲惫不堪，给你带来巨大压力，并影响你对工作的良好体验。所有办法都试过了，你现在已经是黔驴技穷了。

我要为你提供一种彻底的解决方案。这种解决方案乍一看似乎太过简单，但它可以在学生身上引发一系列的变化，对他们的行为产生深远的影响。这需要一点点意志力，而且你必须跨越自己的心理障碍。**这种问题解决之道就是你要改变你自己对学生的看法。**

随着时间的推移，你的心情会变得越来越失落，对学生的负面情绪也肯定会越积越深。或许，你对学生一开始就存在负面情绪。有这种感觉是很正常的，也是可以理解的。你可能会对某个学生产生怨恨之情，但自己却全然不知。

在你意识到这一点之前，这样一个让你不胜其烦的学生已经消耗了你大量的精力。

学生私下里知道你对他们的感觉，即便你有奥斯卡影后梅丽尔·斯特里普的演技，自以为伪装得天衣无缝，但有些事情是掩饰不了的。虽然你在讲话时从未大喊大叫，也没有责骂或训斥过问题学生，但你与他们交谈的微妙方式以及在他们身边的表现会将你出卖，让他们感知到你对他们的真实感受。他们可以从你的眼神、紧绷的微笑以及僵硬的肢体语言中看出来。他们平时不一定有意识地认识到这一点，但是他们知道你对他们的看法。

孩子们能够敏锐地感知到成年人对他们的看法，甚至可以说他们有这种“特异功能”。他们的这种超强的判断能力远超我们的想象。想象一下，当你第一次见到一个婴儿或蹒跚学步的孩子，但没有心情轻声细语地对着他们说话时，尽管你尽了最大的努力，傻乎乎地笑得非常灿烂，孩子还是能感觉到你的虚伪。你可以从他们的眼神中看出端倪。无论你教哪个年级，你的学生都有这种判断能力。

如果你在和最难管教的学生交流时缺乏亲和力，那么你对他们行为的影响就微乎其微了。因为你对他们来说并不重要。你的言辞、期望、要求和建议对他们来说都不重要，只会令他们心烦。那么，有什么解决办法吗？你如何让他们听你的，并开始像你班上的其他学生一样遵守纪律呢？你要选择喜欢他们。

你要有意识地做出这样一个决定，即不管他们做了什么，他们表现如何，或者他们多少次扰乱了你的课堂，你只选择看到他们最好的一面。你要改变自己的思维，这真的只是一个选择，仅此而已。实际上，一旦你将自己对他们的负面情绪放在一边，一旦你消除自己的怨恨情绪，决定喜欢他们，你会发现这并不是多么困难的事情。

好的一面是，学生的行为很快会发生改善。学生不记仇，能很快原谅他人，渴望得到别人的尊重。他们渴望找到一个可以信任和追随的领导者。所以，当你选择看到他们最好的一面时，当你对学生报以真诚的微笑时，当你对他们的关心是真心时，一切都会发生改变。他们也会喜欢你的。

这就是所谓的“互惠原则”，让学生打心眼里想要取悦你，为了你好好表现。你的赞美、鼓励以及真诚的惋惜对他们来说都是有意义的，会让他们在内心深处有所触动。这就是真正的领导力。

很少有教师能与最难管教的学生保持真正良好的关系。但是，那些能够做到这一点的教师可以激励学生，让他们产生持久性的进步。他们能够对那些被贴上标签的、被忽视的以及被放任的学生产生影响。其他教师做不到的事情，他们可以做到。你也一样可以。

只需要做出一个全新的选择、一次善意的决定。

#55 如何应对对你使性子的学生

面对教师的要求或提醒（比如“请把背包收起来”），学生会翻白眼，长叹息，做出夸张的肢体动作。这些行为虽然不是很无礼，但也已经很接近了。有时他们还会用讽刺的语气说：“对不起！”或者“哦，我的天哪！”这种无礼的行为是间接地表达不满，通常是出于懊恼，并无恶意。然而，这些行为确实会让教师感到气愤。

这是一种非常普遍的现象，我们已经听到许多教师说起这个问题，他们想要知道这种问题的最佳处理方式是什么。学生自行其是的做派让教师抓狂。至少它会影响你的心情，尤其是当你只是想帮助学生的时候。你只是为了避免让学生陷入困境或是帮助他们不犯错误，（“我得到的感谢只是一个白眼吗？”）你只是忍不住想要提醒他们。你很难不与学生发生争执，或是对学生进行咆哮式的训斥。

那么，有什么好的应对之策吗？这种策略可能会让你感到有些奇怪，但坚持执行你的课堂管理方案并不是对学生态度这种单一行为的最佳回应方式。首先，我认为这还算不上不尊重教师。虽然这貌似会给你一种无礼的感觉，但这并不是针对你。相反，这只是学生个人懊恼的表现。

对学生实施惩戒往往会让事情变得更糟，加深学生的懊恼和不满。

还有一种更好的策略，可以帮你消除班上的这种行为。然而，在我们谈到策略之前，请记住这一点，即我们所有人都经历过类似的懊恼，这是我要说的第二点。

不论是在车管所更换新驾照，还是在餐馆等餐，我们都知道，我们对工作人员或服务员翻白眼或发出一声长叹是多么的常见。虽然在内心深处，我们知道他们只是想为我们提供帮助。

是的，毫无疑问，自行其是的做派对我们的一些学生来说也太过平常了。但是，我们要知道那个时候正是他们的糟糕时刻。这是改变他们自行其是的做派并确保其不会再次发生的第一步。

这种策略非常简单，但却非常有效。具体方式如下：当学生听完你的话，对你翻白眼或是使性子时，你要对他们报以微笑。无论怎样，微笑时不要附带嘲讽，而是要云淡风轻地对其行为表示理解。微笑之后，带着善意的低声轻笑或许也很应景。持续的时长应为一两秒钟，然后无须多言，继续做其他事情即可。这虽然是一件微不足道的小事，却有惊人的效果，可以打破紧张的局面，化解不断积聚的不满情绪，并让学生意识到他们的过激反应。

这会传达这样一种信息：你为学生提供指导性帮助并不是因为你喜欢对人指手画脚；根据学生的经验，这是很多学生对教师的刻板印象。你之所以这样做，是因为这对学生是有帮助的。你之所以这样做，是因为这是正确的。你这样做是因为这对他们来说是最好的教导，也是为了维持一个良好的学习环境，让所有学生（包括他们在内）都能健康茁壮成长。

当你第一次尝试这样做时，一些学生也会对你微笑，甚至你可以听到他们自嘲的笑声。然而，这一策略的真正威力在于万变不离其宗，对于一切使性子的行为（包括自行其是的做派和个人的懊恼行径），你都会以此来应对。

你将开始注意到自己的要求、提醒和命令能够得到学生更多的认可，而且他们会急不可耐地听从你的教导，没有任何怨言。你的课堂也将少一些紧张，多一些欢乐。唯一的风险是确保你自己搞清楚学生的糟糕时刻和公然无礼之间的区别。如果是后者，你必然要对其实施惩戒。

学生自行其是的做派只是一种个人懊恼的表现，与你没有任何关系。最有效的回应是让学生知道你也曾有过类似的经历，你对此心知肚明。在生活中的每一天，我们都会遇到一些烦心事儿，一笑而过或是自我解嘲也是可以接受的。最终，你可以消除课堂上所有自行其是的做派，取而代之的是学生欣然的接受、深深的渴望和善意的微笑。

#56 如何对问题学生实施惩戒

一位读者最近问了一个多年来我经常遇到的问题。“我该如何对问题学生实施惩戒？”这是一个我还没有进行具体探讨的话题，因为其答案非常简单直接：就像对待班里其他任何学生一样，一碗水端平。你平静地走近那个学生。告知对他的惩戒结果。“你违反了第二条规则，警告一次。”然后，走开即可。

这是一种针对全体学生实施惩戒的方式，不会引起争执或怨恨。只要你将课堂管理方案讲解得很透彻，而且保持始终如一的执行标准，你的学生就会在自己身上找原因，而不是去指责别人。

他们可能对惩戒方式不满意，但他们会反思自己的不当行为。他们会为自己的行为承担责任，下定决心，不再犯同样的错误。但这位读者为他的问题加上了一个非常有意思的前提条件。

随着时间的推移，他已经与那些问题学生建立了良好的关系，担心实施惩戒会影响他们对自我身份的定位（即严格要求自己，逐步向品行端正的学生看齐）。为此，他每天忧心忡忡、如履薄冰。他担心追究学生的责任会破坏师生之间的关系。

这种担心是合理的。因为，当一个问题学生正在向你想象中的品行端正的学生转变过渡时，这个时候是一个敏感期。你的一次严厉训斥或愤怒爆发可能会把他们推向相反的方向。

因此，即便你采用上述方式对他们实施惩戒，也不会出什么差错，但有一件事你可以去做，以确保不会被误解。这件事情可以维护至关重要的师生关系，并传达出这样的信息：你的追责惩戒并不是针对某个人。你所需要做的只是简单地改变一下措辞。当你走近学生时，记住要格外保持冷静，甚至是保持愉快和随和的态度。如果有必要的话，做几次深呼吸。不要着急。当他们注意到你时，你可以与其进行眼神交流，说出下面的话：

> 嘿，安东尼，我真的很欣赏你一直以来的良好表现，但我不得不给你一个警告，因为你违反了第二条规则。

你仍然要告知学生对他们做出的惩戒结果，而且要表达清晰，并保持始终如一的标准。但你是以一种承认他们进步的方式来完成这一过程的。这是一种微妙但有效的沟通方式，表明你只是例行公事，这丝毫不影响你对他们的看法。这里的关键短语是“我不得不”。这会加深他们对你的良好印象，让他们觉得你是一个值得信任的领导者、一个正直的人；他们可以依靠你，去履行他们自己的承诺。

这种方法我已经尝试过数百次了，得到的回应几乎总是一样的。学生会低下头，点点头，对我说：“我知道了。”学生也可能会找你道歉，尽管这种情况通常发生在放学以后。这两种情况都证明你们的师生关系仍然牢固，实施惩戒并没有削弱你对学生的影响力。这些情况表明，学生确实步入了正轨，他们的进步肯定会继续下去。这只是一个小小的改变，很难据此判断学生将来能够取得多大的进步。然而，有些学生正处于重大且持久的转变时刻，对他们来说，这就意味着一切。

#57 如何应对冲你大喊大叫的学生

最近，我收到一位教师的电子邮件，她说一个学生冲她大喊大叫。当时她的班级正在进行学习游戏，一切都进行得很顺利。至少她是这么认为的。学生们都在按照规则做游戏。他们玩得很开心，配合得很默契，彼此相处得也很愉快。事实上，她看到活动进行得如此顺利，也感到非常兴奋。

但是，突然间，一名学生站起来，指责她偏袒另一队。当她试图解释时，那名学生开始与她争论起来。她为自己和自己的决定辩护，并向学生保证她永远不会做出那样的事情。学生变得怒不可遏，开始大喊大叫，用手指指着她，说她是个骗子。现场尴尬至极，这位教师瞠目结舌，不知道如何是好。

这不是我们第一次收到与此话题相关的邮件，也不会是最后一次。像这样的冲突对抗越来越频繁。在当今时代，当学生感到被轻视时，他们似乎更具攻击性，不太愿意听取别人的观点。此外，对很多学生来说，从来没有人向他们展示或是示范如何尊重他人。这就突出了首先缓和局势的重要性，目的是确保你和学生的安全，然后再给无礼的学生上一堂难忘的思想课。具体方式如下：

拖延时间

当你意识到或者自认为意识到某个学生开始动怒时，你唯一要做的就是让他冷静下来，避免冲突。在上面的例子中，学生站起来的那一刻，教师就应该采取措施，防止事态升级。

最好的处理方式是拖延时间。不要直接回应学生的抱怨，那样只会让情况变得更糟。相反，保持冷静和放松的心态，假装这没什么大不了的，然后说：

> 没有关系。我明白你的意思，我理解你的感受。我保证我会解决这个问题，但让我们先做完游戏。

然后尽快转移注意力，去忙别的事情。如果学生愿意，你可以让他们多抱怨一会儿，或者让他们最后说几句。拖延，拖延，再拖延，时间久了，他们就会冷静下来。

解决问题

你没有义务向任何对你无礼的学生说明自己的想法或解释自己的决定，你也不应该这样做。这样只会纵容学生，让他们做出更加无礼的举动。

但是，在学生回到座位安静下来之后，明智的做法是向全班学生阐明与游戏或活动相关的规则、规约或程序，以正视听。这可以让你以教师和课堂领导者的身份，解释自己的决定，同时兑现你的承诺——“解决问题”。开门见山，直奔主题，言简意赅，澄清事实即可。

实施惩戒

你的课堂管理方案应该包括附录内容，让你跳过警告阶段，直接对学生实施更加合适的惩戒方式。任何肆无忌惮或持续无礼的行为都应该受到最严厉的惩罚，包括适用于小学生的自我反省或适用于高中生的留堂惩戒，再加上通知家长。

这种行为应该被记录在案，如果表现出任何形式的威胁性、攻击性或潜在的危险，那么就应该公事公办，交给学校政教处处理。

只有在学生将这件事忘记之后，你才应该走近他，告诉他对其实施的惩戒决定，然后走开。

重申规则

学生倾向于重复他们在别人身上看到的行为。这就是一个班级可能会快速失控的原因之一。因此，在事件发生后的一两天之内，你要再次重申自己定下的规则，这一点很重要。通过纠正严重的不当行为，可以推进整个班级学生行为和礼貌的改善。当你遇到了突发事件或是某一天过得特别糟心时，无论何时，你都应该抓住机会，为全班学生带来一堂宝贵的思想教育课。

重点关注与学生无礼行为相关的规则。一定要再次明确具体规则和零容忍的态度，你绝不允许任何人或任何事扰乱你的班级秩序，影响班内学生良好的学习体验。最后，提醒学生，你的课堂管理方案的目的是保护每个学生学习和享受学校生活的权利以及你教授优质课程的权利。

总结

当学生做出挑战行为时，把他们拉到一边，给他们提供建议。强迫他们道歉，或者说服他们接受你的观点，只会削弱你的影响力。你要说的话仅限于告知对他们做出的惩戒决定。

不要将他们的无礼行为看作是针对你个人的行为，而是要保持冷静，恪守你的承诺，保护全班学生学习的权利，这可以让你在全体学生面前赢得更多的尊重。尤其是那些做出无礼行为的学生，他们往往会因为这段经历而改变自我，以至于他们会开始对你产生敬畏甚至钦佩之心。

你通过自己纯粹的善意和豁达的接受，向他们展示如何表现优雅、宽恕和真正的尊重，你将彻底改变他们的世界观。

#58 如何应对“班级活宝”的捣乱和无礼行为

“班级活宝”（喜欢耍宝逗乐的学生）并没有什么不好。事实上，对你的课堂来说，幽默感十足的聪颖学生是一笔宝贵的财富。他们可以帮你创建学生喜欢参与的学习环境。实际上，最有效的课堂都充满了欢声笑语。学生们享受彼此陪伴的课堂时光，他们是如此的快乐，大多数教师都体会不到这一点。只要是在课堂规则范围内，幽默就应该得到被鼓励，甚至应由教师来引领。这可以强化你对学生行为的影响。

但是，如果学生违规越界，说不合时宜的俏皮话，可能会产生相反的效果，影响整个班级的学习进度，引起班级骚动。这会撺掇其他学生纷纷效仿，还会让教师觉得这是以牺牲他们的教学效果为代价的，尤其是在教师发出直接教学指令时，会发生这种情况。毕竟，一句俏皮话一下子就可以毁掉教师辛苦创设的一堂引人入胜的课，让教师在开展精彩的课堂活动方面所投入的时间和精力付诸东流。

教师感到被冒犯是很自然的事情，他们会把这当成人身攻击，气势汹汹地盯着学生，或者说一些尖酸刻薄的话，制止学生。但愤怒的反应只会让事情变得更糟，会对课堂造成更长时间和更深程度的干扰。你要花费很长时间，才能让学生重新专注于学习；这会让你接下来的一天都蒙上一层阴影，也会导致你和学生之间产生一种难以弥合的对立关系。

那么，面对这种情况，你应该如何应对呢？从学生角度看待这种情况，颇具启发意义。事实上，学生在口无遮拦地胡说八道时，他们的目的并不是为了让你难堪。你的情绪会受到怎样的影响并不在他们考虑的范围之内。他们只想逗自己的同学开心，仅此而已。

有必要指出的是，毫无疑问，这样突然插话是挺无礼的。故意打断教师的教学，表明他们既不尊重你，也不尊重他们的同学。但是，“班级活宝”一心只想着自己出风头，享受别人关注他的那一刻。

所以，你必须灵活且有技巧地处理这种情况，不要冲动。你必须要最大限度地减少此事带来的干扰，同时还要让相关学生承担责任，并降低这种情况再次发生的可能性。怒气冲冲地做出回应根本解决不了问题。事实上，最有效的回应方式是不作出任何回应。

不要皱眉蹙眼，不要紧张焦虑，也不要唉声叹气。你就站在原地，等待学生停止小动作，等待课堂恢复平静。让破坏神圣课堂教学秩序的重担落在口不择言的学生肩上。让他们自觉地意识到，他们刚刚打断了自己喜欢和钦佩的教师，这是一种非常无礼的行为。这么做向他们传递这样一种信息：这显然是一个非常严重的问题，大家有目共睹，但都刻意闭口不谈，气氛很是诡异。这一堂课会给班上所有学生留下深刻的印象，具有很好的教育意义。对于惹事的学生来说，更是如此，他的俏皮话现在听起来空洞而荒谬，很不合时宜。当时机成熟时（你知道什么时候），保持冷静的态度，走近学生，实事求是地告之对其的惩戒决定，然后转身离开，继续上你的课。

这样，你既可以维护你与这个调皮捣蛋的学生之间的关系，他也会重新恢复对你的尊重。而你基本上也消除了这种情况再次发生的可能性。不到60秒的时间，你就可以回去继续上课了，就像什么都没发生过一样。

#59 如何应对缺乏自知之明的无礼学生

一名学生用手指指着你，开玩笑地说道："我很生气。昨天晚上的家庭作业太难了！"或者一个学生举起手来，命令你"告诉约翰别再烦我"。不论哪种情况，对于学生对教师如此无礼的态度，你都会感到不舒服。面对这种情况，你会怔住，不知道如何回应。

一方面，这两个学生似乎都没有任何恶意。从他们的语气和肢体语言来看，显然他们没有意识到自己的无礼。另一方面，毋庸置疑，他们的行为是对教师的不敬。那么，你应该如何应对呢？

你是否应该冒着引起混乱和招致怨恨的风险，严格执行自己的课堂管理计划呢？或者你是否应该忽视他们的无礼行为，因为他们并没有意识到自己的无礼？但忽视学生的无礼行为有一定的风险，可能会怂恿其他学生做出同样的行为。下面七个步骤，可以让你周到且体面地应对这种常见的突发状况，同时基本可以消除这种情况再次发生的可能性。

别纠缠

第一步是迅速从突发事件中抽身出来，对于学生做出的行为既不表示支持也不表示谴责。关键是要保持冷静的态度，避免流露出任何愤怒或失望的情绪。淡然一笑，微微点头，通常就够了。如果有必要，你需要冷静地告诉学生，稍后再跟他们谈这件事。

拉到一边

将这件事搁置一段时间（根据经验，一般30分钟左右），把学生拉到一边，简单聊一聊。我们通常不建议与学生就他们的行为进行私下谈话。但是，在这种情况下，私下谈话是有必要的。

避免冲突对抗

没有必要质问学生或是强迫他们做出保证。你将事情的起因结果告诉学生，他们就会欣然接受。但是，如果你步步紧逼，强迫他们说出你想听的话，他们就会进行自我防御，与你发生争执。

陈述事实并告知结果

陈述学生使用的具体语言或做出的具体行为，这些语言或行为让你本能地感知到他们的无礼。然后简单地告知他们，这样做越界了，学生不能像对待朋友或兄弟姐妹那样对待教师。

做出正确的示范

下一步是跟学生解释他们应该如何与教师正确交流。给他们示范一下，这样，他们就可以确切地知晓你的意思。不管他们的行为让你多么恼火，一定要保持一种友善的态度。这是确保此类事件不再发生的关键。

适当停顿

如果学生愿意，短暂的停顿可以为他们提供一次发言的机会。他们通常会向你表示歉意。但是，如果学生没有道歉，或者只是沉默不语，那也没有关系。他们是否承认错误并不重要。你不应该以问责的形式找学生谈话，也不应让学生理解为找他们算账。

作出承诺

谈话结束时，明确告知学生，如果再发生这样的事情，你会对其实施惩戒。耐心地纠正其错误，学生会知趣地结束两分钟的会谈，并对你表示感激，同时会对你表现出更多的理解和尊重。

总结

如何界定学生的无礼行为？我们需要确定某一种无礼行为是有意为之还是无心之过。近年来，学生的无礼行为呈现增多趋势，尤其是在低年级学生中。可悲的是，由于贫穷的家庭和周边环境的影响，许多学生不知道如何正确与他人进行交流。

如果学生没有意识到自身行为的错误，贸然对他们实施惩戒，可能会损害你与学生之间的关系。这样会产生冲突，导致学生对你的不信任和怨恨，增加此类事件再次发生的可能性。

好的一面是，通过学生的肢体语言和语腔语调，你总是可以做出判断，是立即对其实施惩戒，还是把学生拉到一边，对其进行简单的思想教育。这就凸显了在学年开始时充分讲解这一特定主题的重要性。如果你将最有可能出现的场景（比如以上所述的情况）模拟出来，让学生准确地认识到无礼行为的底线，那么无礼行为就会很少出现，不论是有意为之还是无心之过。

#60 为什么看到问题学生有良好表现时，你不应做出回应

当看到问题学生有了良好表现时，通常情况下，我们都想要给他们一些奖励。你刚刚目睹了你一年来一直希望和祈祷学生做出的良好行为，你想要把握时机。你希望让那一刻变得特殊且难忘。你希望让他们因为自己取得了一定的成就，对自己感觉良好，并开始相信他们真的能遵守你的课堂规则。所以，你翻箱倒柜，寻找一个奖项或证书，颁发给他们。你打开你的奖品盒，冲到他们身边，兴奋地告诉学生，你是多么为他们感到高兴和骄傲，以及他们那天的表现有多棒。

这一切感觉如此美妙，如此理所当然。然而，实际上，当你看到问题学生有了良好表现时，你给出的最好回应是没有回应。原因如下：

良好的行为本身就是一种奖励

如果你对学生的良好行为进行奖励，他们做出相应的行为就会产生外在动机。在他们看来，自己所做的一切积极的事情都应得到奖励。他们忽略这样一个事实，即良好的行为本身就是一种奖励。

这是对他们的一种期望，这种期望对他们自己和所在的集体都是有益的。这种合理的认知往往会被过度的赞扬和夸奖所淹没，尤其是问题学生，他们更容易忽略这一事实。他们会误认为这只是一场交易。所

以，进行奖励只会助长他们的投机心理，不利于他们今后的发展。

这是一种认可

只有问题学生有了做出良好表现的内在动机，他们才能发生真正且持久的改变。换句话说，这是出于他们自身的意愿，而不是因为他们得到了某种暗示或明确的回报。

当我们让问题学生通过自身的努力获得成功时，他们就能获得一种平静的满足感，激发他们一心向好的内在动力。这会给他们一种温暖的感觉，让他们觉得自己跟其他学生一样，是你班里的重要成员，而不是一个需要教师的施舍和特别关注才能在学校混日子的弃儿。

总结

虽然他们可能会保持微笑，甚至可能会因为收到一支很酷的铅笔、玩具或其他特别的奖品而表现出兴奋，但如果仔细观察，你会发现他们眼睛后面隐藏着悲伤。因为这是对他们良好表现的践踏。良好的表现是无价的，却被贴上了价格标签，让外在动力取代了内在动力。这并不是说当你看到问题学生有良好表现时，你应有意避开或者视而不见。

或许你可以给他提供一些真正的奖励，比如对他们微笑，享受和他们在一起的时光。他们很喜欢成为班里普通的一员（班里其中一位女生或男生）这种美妙的感觉，你要对此表示支持。你要为他们提供一种真诚且持久的奖励体验，这是多少钱都买不到的。你要恢复他们的自尊心。你要撕掉他们身上的标签，这些标签就像沉重的书包一样，令他们不堪重负。你要为他们的改变铺平道路，让班里其他学生能以新的视角看待他们。

但最重要的是，你要让他们开始以不同的方式看待自己。他们可以开始设想自己的未来，不会再遭人嫌弃、受人诟病或被人怜悯。他们能够在自己身上看到前所未有的可能性。

或许有一天，你会发现他们的眼中流露出对你的感激。不需要言语交流，也不需要多加解释。这是某些特殊转变的开端，学生在行为上的真正意义的改善。所以，走上前去，伸出手来，学生也会伸出手来，与你握手言欢。

#61 如何应对依赖型学生

他们会突然出现在你面前，占用你的时间和精力。他们扯你的袖子，轻拍你的手臂；他们会闯入你的私人空间，打断你说话，甚至在你还没来得及反应过来时，就突然开口说话；他们喋喋不休，抱怨个没完，像是戏精附身，需要你马上解决他们的问题。

事实上，这些学生并不难应对，如果采取恰当的方式，你不仅可以阻止这种行为，而且可以让其在你的课堂上彻底消失。具体方式如下：

不要迁就

当你对依赖型学生表示出迁就态度时，你就是在纵容他们的行为。这样会导致他们以后做出更多的荒唐行为，更加肆无忌惮地打断你。你只需保持真诚的态度，让学生知道你的底线。你是在温和地提醒他们，你的教学面向的是全班学生，而不仅仅是某一个学生。

万一真的出现了紧急情况，根据教师的基本能力，你肯定可以做出判断。在这种情况下，你则需要弯下腰来，跟学生了解更多的信息。

不要做出回应

在学生打断你之后的那一刻，不要立马做出回应，这一点很重要。

你可以盯着他们，让他们知道你听到干扰声，但是不要开口说话。给他们一个自我反省的机会，让他们反思自己的行为，考虑使用更成熟、更礼貌的方式和你交流。如果学生违反了班级纪律，在短暂的停顿之后，对相应的学生实施惩戒。“给你一次警告，因为你未经允许擅自离开座位。”

不要表现出关切

依赖型学生往往会反应过度。他们总是喜欢小题大做。遇到问题，他们总是习惯过度依赖身边的成年人，从不自己想办法解决。如果你对他们的行为表示默许，他们就会变本加厉。如果你停下手中的工作，允许他们打断你，对其表现出关切之情，情况会变得更糟。虽然这只是一个充满爱心的教师的自然反应，但不利于他们的社交和情感发展，况且，也会打乱你的工作节奏。

总结

你班里学生的依赖程度与你如何应对有直接的关系。这个问题非常关键，因为如果不加控制，依赖型学风将成为一种班级风气，表现在班级管理的各个方面。它会影响到每一堂课、每一项活动和每一种日常规范。这会严重影响你的教学工作，压得你喘不过气来，导致工作效率低下。

好的一面是，我们有简单的应对之策。以上方案效果显著，可以有效缓解你的班级管理压力。此外，你还应该坚持原则，对单个学生不溺爱，不纵容，不为其提供过度的帮助，不反复教授学过的内容。

这样，你的学生就会变成实干家和问题解决者，养成独立自主和虚心听讲的好习惯。他们会树立信心，提高自己的学习能力，培养坚毅笃行的品质。作为教师，你不要感情用事，不要心慈手软，而是要坚持原则，采取真正有效的应对方式。

#62 如何应对那些无礼质问教师的学生

这是我们讨论最多的话题之一。如果学生质问你本人、你的决定或者你管理班级的方式，你该如何应对呢？当你知道他们的动机不纯，纯粹想惹你生气时，你该如何做出回应呢？或者，更糟糕的是，当他们煽动全班学生与你作对时，你该怎么办？

这种“质问”通常是突然出现的，令人猝不及防。一般都具有公开性和对抗性，带着挑衅的口吻。例如：

为什么我们不能随心所欲地离开座位呢？

为什么我们学习时必须保持沉默呢？

你不觉得让我们一遍又一遍地修改作文很刻薄吗？

毫无疑问，这个学生的态度显然是十分无礼的。但是由于这种无礼伪装在“提问”之下，直接对学生实施惩戒可能只会火上浇油。这只会正中他们下怀，即无论怎样，在他们心中以及全班学生面前，你就是一个尖酸刻薄、假公济私的人。

另外，找到合适的说辞也确实不容易。你很容易给学生留下不好的印象，让他们看到你的愤怒、慌乱或落魄。那么，你应该如何应对这种情况呢？

参考以下简单的三步走策略：

往后推一推

最好不要回答他们的问题，至少不要马上做出回应。相反，你可以先等一等，再回答他们的问题，以缓解教室内的紧张情绪。你可以说："谢谢你的提问，但现在不适合讨论这个问题。让我们先上完这一节课，等有时间，我们再谈。"然后，你可以去忙别的事情。不要给他们大发牢骚的机会，不要在全班同学面前与他们发生争执。

等待时机

至少要等20分钟，再走近学生。这样，你就给了他们一个冷静下来的机会，并让他们反思自己提出问题的方式。等待也会让你占据主动权。在等待的这段时间里，你要做好准备，给出一个简单、直接、诚实的答案，向学生明确，你所讨论的规则或原则可以让他们以及班上的每个学生都受益。

走近学生

不要把学生拉到一边，进行私下谈话，否则，事情会越闹越大，很难收场。直接走近他们，面带微笑，说出你事先准备好的台词：

> 在离开座位之前，你必须举手示意，得到允许后，方可离开；这是为了保护每个学生不被打扰，营造最佳的学习环境。
>
> 我们在学习时必须保持安静，因为每个学生都享有专心致志学习的权利，不应受到干扰。
>
> 重写是写作过程中很重要的一部分，可以帮助你提升写作能力，让你写出更好的文章。

接着微笑着说一句："继续学习吧。"转身离开，忙自己的事情。

总结

三步走策略可以缓解紧张的气氛，化解敌意，让你控制住局势，并对学生提出的问题做出有效的回应。这可以强化这样一个信息：你知道自己在做什么，你作出的决定是为了帮助他们营造最佳的学习环境。这种处理方式是公平公正的，所有事情一目了然，重新确立了学生和教师的角色。这还可以有效地避免学生以后挑战你的权威。

然而，这里有一点非常重要，需要你注意，即这种事件本身就显露出一种迹象，表明你没有充分解释你为什么要这样做。**“为什么”至关重要**。因为如果你的学生知道为什么他们必须安静地学习，为什么离开座位要举手示意，为什么要重写文章，或者为什么要遵循任何其他规则、原则或流程，他们就会更愿意，甚至更渴望配合。

#63 问题学生需要什么

肯定不是关注。多数情况下，问题学生得到了太多的关注。学着如何在问题学生身上花更少的时间，对师生双方都大有裨益。实际上，这是帮助他们找到归属感和自豪感的首要步骤之一，我们要帮助问题学生融入班集体，让他们为班级做出自己的贡献。

所以，问题学生最需要的是你真诚的反馈。他们需要关爱的眼神，需要你告诉他们事实真相，不要有任何隐瞒。

大多数问题学生都会面临虚假表扬和愤怒批评的双重困扰。有些教师会突然表扬或批评他们，态度转变之快堪比川剧变脸。这两种方式都不能为问题学生提供他们所需的反馈，以及帮助他们了解自己的真实表现。所以，他们在学习的道路上举步维艰；他们接收到了错误的评价，对自己的未来规划失误，不知道如何在学校以及更广阔的世界获得成功。

一方面，由于达到了教师对学生最基本的要求，他们会得到过分的褒奖。教师告诉他们“干得漂亮”，只是因为他们能够安静地坐着上课。教师表扬他们“表现很好”，只是因为他们在课间休息时没有打人或推搡他人。他们因为做了本应该做的事情，履行了最基本的、最低限度的义务，就获得表扬、赞誉和奖励。另一方面，他们经常因为自己的错误而受到严厉的当面批评。无数次的说教、责骂和训斥让他们变得畏首畏尾，心存怨恨，甚至不知道为什么要批评他们。

他们在海量的错误指引中浮浮沉沉，在吹捧和贬低中左右摇摆，就像海中的浮萍一样，迷失了自我。他们之所以表现“优秀”，是因为他们一整个上午都没有被要求进行自我反省吗？或者，他们之所以不讨人喜欢，是因为他们自身能力不足吗？当然，两者都不是。然而，这些是他们日复一日、年复一年听到的别人对他们的普遍评价。

事实真相的馈赠

让问题学生从不当行为的坑里爬出来的唯一方法就是让他们知道这个坑有多深。需要有人站出来，针对他们的表现，保持始终如一的态度，将真实情况如实地告诉他们。

他们需要真相，不管是言明的真相还是未言明的真相。言明的真相是你公平公正的课堂管理方案。基于行为的问责制清楚地表明：他们的行为已经偏离了原来的轨道，不符合常规，不利于他们取得学业上的成功。因为这不是针对个人的，也不会伤害学生的自尊。当下直截了当地指出学生应负的责任，学生也会将其铭记于心。

尽可能按照课堂管理方案行事，不做过多解释。然而，如果你觉得有必要与某个学生单独谈一谈，你应该保持冷静的态度，说话简单明了。这种情况极其少见，但多说一两句话，可以使事实真相更具影响力。

这还不够好。

你只是现在做不到而已。

你能做得更好。

然后，转身离开，忙自己的事情，让事实真相发挥它的作用。给你的学生一个机会，让他们自我反省，让他们向自己许下承诺，以后会做得更好。

当他们表现好的时候呢？什么都不说通常是你最真实且最有力的回应方式，因为这样可以清楚地传达这样一种信息：正确的行为和细心的习惯是理所应当的，不值得特别的表扬。然而，一两句诚实的话语，或者一个发自内心的无声手势，不是基于他们一时的行为改善，而是基于其行为的真正改变，对他们来说就意味着一切。这是一种简单的认可，表示你注意到他们并对其表示了认可。

想一想你班上那些最难管教的学生，想一想这些年来他们接收到的大量相互矛盾的、不靠谱的虚假信息。这些信息一定多达数千条。现在就立马作出决定，撕掉错误信息的表面伪装，展现其原有的底色。因为唯有告知真相，方能将其从虚假表扬和严厉批评的极端角色转换中解脱出来。

让他们脚踏实地，行稳致远，进而有为。

#64 如何应对在背后捣乱的学生

学生在背后捣乱会让人特别恼火。比如，你正在走访一个学生小组，或者正在帮助某一个学生，或者正在教室的周围走动，严密观察着学生的举动。这个时候，你听到了一阵叽叽喳喳的声音和咯咯的笑声，但不在你的视线之内。你抬起头来或转过身去，但似乎没有发现什么不对劲，至少没有发现什么明显的问题。

但你知道有学生在背后捣乱。你知道在你看不到的时候，有学生钻了空子，放下了手中的学习任务。你甚至知道捣乱的学生是谁，而且相当确定，因为你能从他们的脸上看出端倪。他们现在正在看着你，其他学生则在专心学习。

但此时你还在纠结是否要实施惩戒，因为你也不是完全确定。此外，捣乱的学生也知道你没有亲眼看到他们，这也会助长他们撒谎和抵赖的气焰。所以，你应该怎么做呢？

由于背后捣乱的行为给教师一种不尊重和挑战权威的感觉，所以遇到这种情况，很多教师顿时火冒三丈，他们怒火中烧，忍不住与学生当面对质，追究捣乱的学生的责任。所以，他们会劈头盖脸地质问学生，发出警告，甚至威胁。他们会找其他学生询问情况，让他们检举揭发，逼迫学生承认错误。这些都是为了确保此类事件不会再次发生。

这种处理方式会让教师和学生都背负巨大的精神压力，且不论学生是否犯错，都会让学生心生怨恨，导致师生之间出现隔阂。此外，谁也不能保证你能将捣乱事件查个水落石出。然而，你会让课堂的气氛变得紧张起来，而且很有可能什么也查不出来，任凭捣乱的学生“逍遥法外”。当学生在你背后，或者在你的视野之外捣乱时，你需要采取一种微妙的甚至狡猾的方式，找出“罪魁祸首”并追究其责任。你需要假装自己没有注意到他们的不当行为。

如果一开始你什么都不做，在日常规范或行为习惯方面没有做出任何反应或改变，那么他们肯定会继续捣乱，这通常发生在几秒钟之内。

但是，这一次，你要把他们抓个现行。你要利用自己作为教师的直觉，选择合适的时机，朝他们的方向偷偷瞥一眼。你要提高警觉，微微调整自己的听觉和视觉范围，调整站立方向，以便预测学生的捣乱行为。你甚至可能需要远离他们，或者把头转向另一个方向。

最终，你可以把他们抓个现行。这个时候，你就可以毫无顾虑地实施惩戒了，学生也装不了糊涂，也没有必要狡辩他们是否做出了不当行为。没有争执或威胁，单纯地实施惩戒即可。

你的工作职责是发现并制止不良行为，保护每个学生学习和享受学校生活的权利。保持警惕心理，牢牢看紧学生是有效课堂管理的先决条件。但球总有闯入禁区的时候，作为守门员，你要守住底线，做好防守，你要步步跟进，坚持到底。这个时候，你仍然可以让学生知道，你背后也长了眼睛，他们的一举一动尽在你的掌握之中。

#65 如何应对屡教不改的学生

假如你班级有这样一个学生，我们就叫她布里特妮吧。布里特妮总是令你恼火。因为虽然得到了惩戒，但她还是屡教不改，总是一次又一次地违反同样的规则。她或许能坚持几天甚至是一周的时间，但总免不了故态复萌。她在队伍里推搡同学；课间休息时，擅自外出；未经允许，擅自离开座位。不管是怎样的不当行为，她总是屡教不改。

现在，有一点非常重要，需要特别指出，即如果你不能够坚持始终如一的管理标准，如果你没有在学生每次违反规则时一视同仁地实施惩戒，那么你要先填补这个空白。管理标准前后矛盾是学生屡教不改的首要原因。加强这一方面的管理将会消除大多数（如果不是全部的话）反复出现的不当行为。

但是，也有少数学生容易冲动，行事鲁莽，屡次犯错。虽然明知道你会惩戒他们，但他们好像无法控制自己。比如，课间休息时，他们一门心思地寻思奔向室外的路径。他们双眼放光，心跳加速。一心只想着足球，足球，足球……自由，自由，自由……好玩……大笑……朋友！此刻，大脑的兴奋支配着他们的思想，令他们无暇顾及其他事情。他们未经思考就随口说出自己的答案，将一位同学推搡出队伍，头也不回地奔向操场。

那么，有什么好的应对之策吗？你应该知道，不应该将布里特妮拉到一边，就其屡教不改的毛病进行谈话。质问、训斥、强迫学生做出保证，诸如此类的方式太具有针对性了，只会让学生疏远你，导致师生之间产生分歧，最终带来更多的问题和不当行为。她需要的东西远比这简单。她需要的是克制住自己内心的冲动，她需要的是一次提醒。

现在，就其本身而言，提醒并非一种非同寻常的策略。在了解了哪些时刻、活动或一天中的哪些时间可能会引发学生的不良行为之后，许多教师都会有意去提醒学生。然而，这种策略的问题在于，它会将布里特妮单拎出来。其他学生经常看到并听到你对布里特妮的提醒，这让她感觉自己不合群。

你是用一种非常微妙的方式告诉她，她与其他学生是不一样的，她需要别人提醒才能控制好自己。你这样做是在给她贴上“无能”的标签，在你意识到这一点之前，她就告诉自己，甚至是朋友和家人，她很难控制自己，感觉这是一种持续的状态，她对此无能为力。虽然提醒学生可能当时有用，这就是这个策略如此普遍的原因，但你的提醒实际上是在催生、强化和巩固她自我束缚的观念。这个策略可能会产生相反的效果。

那么，你应该以怎样的方式提醒布里特妮，帮助她彻底改掉坏习惯呢？你可以把提醒的范围扩大至整个班级。

虽然布里特妮可能是唯一一个在排队时推搡其他学生的学生，但你的提醒面向所有学生。你要重申对学生自觉排队的期望，然后，站在便于观察学生的合适位置，让每一个学生都能看到你正在监督他们遵守这一日常规范。经过一段时间之后，全班提醒，再加上实事求是的惩戒，将帮助布里特妮抑制内心的冲动，打破“屡教不改”的魔咒。

这并不意味着你必须在每次更改或初次实施日常规范时都给予提醒。当你在一天中的某些时刻，看到她似乎将要做出不当行为时，你只需要在这个时候提醒她。布里特妮以及其他像她一样的学生，不需要被拉到一边接受训斥、威胁和警告。他们不需要你的劝勉谈话、怒视的目光和私下的训诫。他们根本不需要被单独摘出来。他们需要的只是一个面向全班的简单提醒。

#66 为什么你不应试图劝勉问题学生

学生一言不发地站在那里，目光转向别处，仍然在为又一次的违纪行为而懊悔，一旁的教师正在尽心竭力地做安抚工作，缓和学生因多次违纪被罚遭受的重大打击。这位教师罗列出学生的一些优秀品质，安抚其心理，振奋其精神，寻求一丝理解和认可，以此表明教师的劝勉谈话达到了目的，发挥了作用。这位教师使出浑身解数，表扬学生，安抚学生，表现出强烈的共情心理……就差围着学生跳踢踏舞了。这是一项既费时又费力的工作。

但是，这位教师日复一日地坚持，因为他坚信，通过正确的言语交流和激励方式，他就可以改变那些最难管教的学生。这有一定的道理，给人的感觉也还不错，应该可以奏效。但是，把问题学生拉到一边进行劝勉谈话，尤其是针对最近的不当行为，不仅不利于学生行为真正且持久的改善，而且可能会导致其行为恶化。原因如下：

他们对谈话内容早已烂熟于心

大多数问题学生的行为问题由来已久，甚至可以追溯至学龄前。多年以来，教师几乎一直对他们进行劝勉式谈话，对于一些学生来说，这是一个老生常谈的话题了。所以，他们已经听烦了，也已经习惯了充耳不闻，或是说一些你想要听到的内容。对他们来说，这些时刻他们的感觉更多的是尴尬，而不是振奋。

劝勉谈话没有意义

除非学生主动迈出了进步的一步，否则，你所说的那些话几乎没有什么用处，因为它缺乏基础、证据或事实，因此没有任何意义。就像是退潮时的沙堡一样。然而，基于真正进步的简单肯定能够对其产生巨大的影响。

你放弃了自己的筹码

当问题学生看到你迫切希望帮助他们改善行为时，你就拱手交出了自己的很大一部分筹码，即你在帮助学生改善行为方面的影响力。因为他们知道这对你来说有多么重要，他们知道你在他们的掌握之中，他们随时可以毁掉你一天的好心情。

这是在给学生贴标签

不论何时，当你在问题学生身上花费多余的时间和精力时，你实际上都是在告诉他们，他们“与众不同”，他们能力较差。对于那些最难管教的学生来说，这是一种很强烈的暗示，会强化他们的自我认知。频繁的劝勉谈话会加深他们对自己的误解，因为在你过度鼓励的背后传达了这样一种事实：行为不端是他们的本性，而不仅仅是他们做过的事情。

总结

有了多次违反纪律、犯傻胡闹或是蛮横无理的经历，大多数问题学生在学校的每一天都背负着巨大的精神压力。劝勉谈话只会增加他们的负担以及他们心中的怨恨，让他们害怕自己"与众不同"，产生更加严重的自闭心理，导致他们的不当行为更加频繁、更加严重。

他们最需要你的尊重。他们需要得到你的认可，将他们当作你班里的普通一员。他们需要拥有犯错和承担后果的自由，需要经历悔恨和失望的自由，需要感受到内心的坚定，去做并且变得更好的自由。所有这些都是他们根据自身情况自觉自愿的过程。

那么，这是不是意味着你永远不与问题学生交流，永远不承认他们的成功或失败？绝非如此。本着公平公正的原则通过公平且体贴入微的方式，对学生实施惩戒，或通过真诚的行为改进措施，可以让学生从自身的问题行为中吸取教训。作为一种回应，你可以选择合适的时机，与学生进行小型的私下谈话，以一种巧妙的方式，告知其事实真相。

眼神接触和点头致意、会心的微笑、一次碰拳、一张折叠的纸条、书桌前的等候……对于被贴上"问题"标签的学生来说，你们相处的这些温暖美好的瞬间就像响彻黑夜的钟声一样，直击心灵，给人以希望，值得铭记一生。

#67 如何应对寻衅滋事、目中无人的学生

我经常听到教师们在长信中描述他们学生的恶劣行为。他们在信中描绘了那些情绪暴躁、争论不休、寻衅滋事、目中无人的学生。学生会数落教师，破坏班级氛围，扰乱课堂秩序。学生会翻白眼，拒绝接受教师的建议或听从教师的指令。

不论教师采取怎样的措施，都无济于事。面对这样一群学生（占班级总人数的10%~20%），每天都是一场战斗。他们的行为越来越过分，没有好转的迹象；他们一点儿也不在意成绩、惩戒或其他重要的事情。这些邮件的作者通常都是在大倒苦水，在说他们的班级多么的难管，采用任何方式或策略都收效甚微。

毫无疑问，有些学生就是喜欢捣乱。有些学生过去曾受到过伤害，他们的心灵蒙上了阴影，他们变得暴躁易怒，总是喜欢挑战权威。有些教师确信他们无力阻止某些学生做出无礼举动。但是，我想要对他们说：一个巴掌拍不响。

虽然你可能感觉问题不是因你而起，但如果你表现出任何沮丧或愤怒的迹象，哪怕只是轻声叹息，收紧下巴，或是露出冷淡的神情，他们都会认为你和其他人没什么两样。他们会将你与在生活中遇到的坏人（成年人）混为一谈，这些人曾经骂过他们，教训过他们，与他们发生过

冲突，或者曾让他们失望过。你就变成了替罪羊，沦为了他们发泄愤怒的靶子。从你的角度来看，这不公平，或者不太合理，但这就是现实。

即便把他们拉到一边，针对他们的行为对其提出批评，也会把他们推向另一个极端，即出于怨恨，他们一心只想向你证明他们真的不在乎。他们心里清楚，这是一种你永远无法掌控的事情，肯定会让你受到伤害，摧毁你（作为一位具有爱心和责任感的教师）所畅想的美好愿景。他们桀骜不驯，摆出一副愤世嫉俗的样子，甘愿面对失败，接受惩戒，只是不想让你“得逞”或是将你的意志强加给他们。一旦你情绪失控……一旦你真的与他们发生争执或是想要镇住他们，你们之间的关系就会彻底破裂，以至于他们甚至都不再看你一眼，他们的行为也会彻底失控。

然而，不要忽略一个非常明显的事实，即他们其实真的很在乎。这也是他们隐藏至深的一点，尤其是当他们面对那些不理解他们为何会做出不良行为的人时。有时候，他们比班上其他学生更在乎。然而，要挖掘他们埋藏在内心深处的这个宝藏，我们需要彻底消除敌意。面对学生的无礼行为，你要以德报怨，热情地表示对他们的关心。你需要跟他们站在一起，而不是站在他们的对立面。

你必须通过言语和行动向他们证明，你站在他们的立场上。你的惩戒模式不是针对个人的，而是为了班里每一个成员（包括他们自己）的利益。

是你日复一日无条件的善良、温和与幽默，帮助你力挽狂澜，扭转了局势，让你赢得了学生的信任。这股浪潮势不可当，直击他们的灵魂深处，赋予他们成功的渴望，向他们灌输取悦你并为你好好表现的热望。你要消除他们对你的敌意，以领导者的身份，获得他们的信任、尊重和钦佩。只有在这个时候，他们的行为才会发生真正的、彻底的改变。

那么，首先，面对学生深深的敌意和无礼（甚至是仇恨）的态度，你如何实现身份的蜕变呢？你要有同理心。同理心源于设身处地地了解学生的感受，或者想象他们的处境有多么困难，这会让你以一种最轻松、最自然的方式，避免产生敌意和制造摩擦。对于班里那些饱经摧残的“愤青”学生而言，这是一种非常有效的应对策略。

对于所有的教师来说，这一策略也是屡试不爽。

#68 如何应对一个班里多个傲慢无礼的学生

一位读者给我来信，询问如何应对他的班里六个故意捣乱的学生。

这六个学生天天捣乱，胡作非为，喋喋不休，说个没完。他们在课堂上大喊大叫，胡言乱语，说一些不合时宜的话。他们相互嬉笑打闹，对教师的期望不屑一顾。最令人苦恼的是，当你找他们当面对质，想要追究他们的责任时，他们就会变得特别无礼。他们争短论长，不停地报怨，谎话连篇，对自己的错误矢口否认。他们会出言顶撞教师，在被罚做自我反省时，他们照样嬉笑打闹。这位教师对此已经无计可施，急切地想要寻求解决办法。

一两个无礼的学生已经够棘手的了。面对六个执意为难你的学生，你该如何应对呢？至少，你不应与他们发生正面冲突，而是要避其锋芒。

教师最常犯的错误之一就是区别对待问题学生，将其看作一个独立的个体，与班级其他学生隔离开来。这位教师把这些学生拉到一边，进行一对一的谈话，对他们进行训斥和劝导，有时还会给他们加油打气；并与学生订立行为契约，告诉他们只要好好表现，就会奖励他们，并为其量身定制惩戒方案。这些个性化的措施只会让事情变得更糟，因为这是在纵容学生做出不当行为，导致学生产生怨恨和对抗情绪。这些措施会遏制学生变好的内在动力，给他们贴上“问题”标签，让他们变成真正的问题学生。

事实上，如果你班上有几个或更多的问题学生，他们故意捣乱，一直扰乱学习秩序，这表明你已经失去了对你班级的控制，或者说这个班级从一开始就没有在你的掌控之中。这是班级管理问题，而不是学生个人的问题。解决问题的唯一办法就是从头再来。你需要针对全体学生，设定清晰明确且绝对严格的行为界限，旨在保护你的教学自由和学生的学习自由。制定言简意赅的课堂管理方案，涵盖所有可能的不当行为。向学生讲解课堂管理方案，并亲身示范和实践；这样，学生就不会对其产生误解，或找借口逃避。然后，你要严格执行，全力维护。如果你正处于学年期中阶段，可能需要几天才会看到结果。你甚至可能会遇到相当大的阻力，尤其是来自那些问题学生的核心成员，他们已经习惯了按自己的方式行事，对班级管理指手画脚。

但是，如果你能履行自己的承诺，保护每个学生学习和享受学校生活的权利。如果你不把学生拉到一边，对其进行责骂、训斥或拉拢，而是严格执行你的课堂管理方案，让其为你代言，你就能够保证他们都在你的掌控之中。

你班上那些表现最好的学生会首先做出反应。你会看到学生脸上展露出更多的笑容，还会与你进行眼神交流。他们在公开场合也会表现得更加友好，对周围一切也会更加感恩。他们在私下里也会应援你，为你助威。之后，会有更多的学生加入“应援团”。就这样，你会将他们一一“降服”，并将其拉入你影响所及的范围。用不了多久，你班上最难管教的学生之一就会发生彻底的转变。他会突然开始做出正确的选择，变得彬彬有礼，尊敬他人。他会变得更沉着、更快乐，并对你个人和你的期望做出更积极的回应，也很乐意成为你班里的一员。接着，另一个问题学生也会紧随其后，发生改变。然后是另外一个，他们接连不断地改过自新。

你将拥有更多的时间和自由，来真正享受你的班级管理过程，并以更大的热情投入到教学工作中。你的压力也会消失不见。你也将笑逐颜开，开始展现真正的影响力和领导力。这样，你手上也有了筹码。很快，最后那几个负隅顽抗的问题学生会环顾四周，发现再也没有人觉得他们的笑话好笑了。他们哗众取宠的行为也得不到任何回应。

他们会意识到，最好的选择是遵守规则，让自己成为班级里被尊重的一员，而不是哗众取宠，或不服管教。他们最后也会无奈地耸耸肩，加入“洗心革面”的队伍中来。毕竟，你让他们的选择变得很容易。

要么成为班里安分守己的普通一员，要么因调皮捣蛋而接受惩戒，是非好歹，一目了然，任何学生都自然会做出正确的选择。你已经为他们敞开了大门，邀请他们进入一个安全舒适的环境。在这里，他们会受到欢迎和认可，卸下沉重的心理负担。在这里，他们可以超越自我，不再以自我为中心，让自己真正成为集体的一分子。这个时候，他们的内在动力引擎也终于开始启动了。

为什么学生不喜欢上学？

认知心理学家解开大脑学习的运作结构，
如何更有效地学习与思考

作者简介

1983年，丹尼尔·T. 威林厄姆于杜克大学获得心理学本科学位；1990年，他获得哈佛大学认知心理学博士学位；从1992年至今，他在美国弗吉尼亚大学担任心理学教授。其研究主要关注以大脑为基础的学习和记忆，主要围绕认知心理学在基础教育方面的应用。

作　者：[美] 丹尼尔·T. 威林厄姆
出版社：中国青年出版社
ISBN　：978-7-5153-6708-8
定　价：59.90元

内容简介

本书作者以多种方式对认知科学进行了专业检验，将这些知识与教学实践活动结合起来，对如何学习和思考做出了清晰的解释，为教育工作者和决策者提供了强有力的蓝图。你将从本书中了解到认知心理学如何影响与促进学习和教学，认识到故事、情感、记忆、背景知识练习在构建知识和创造持久学习经验中的重要性，并据此给出了教育工作者提高学生的学习能力与精进自身教学技艺的方法建议。

- 中国教育学会副会长李希贵特别推荐，新教育实验发起人朱永新作序推荐
- 掌握学习的关键，构建科学的学习体系：

  记忆是思考的残留物
  思考能力取决于掌握的事实性知识
  原来学习知识也有“复利效应”
  利用分块记忆，突破工作记忆的有限空间
  长期记忆为何需要超量学习和间隔效应
  拒绝反复练习，就不可能精通任何脑力工作
  重塑智能需要持续努力
  技术并没有改变当代人的思考方式
  ……

- 入选中国教育新闻网2022年度“影响教师的100本书”TOP10
- 中国教育学会副会长李希贵诚意推荐，没有学习就没有真正的教育！
- “立足学生学习，为今天的教育从业者提供教学思维方式转变的详细指导，为k-12教育系统开启教学与学习的全新设计！”

重新定义学习

如何设计未来学校与引领未来学习

ISBN：978-7-5153-6748-4
作者：[美] 埃里克 · C. 申英格，托马斯 · C. 默里
2022-11　定价：49.90元

内容简介： 教育可以影响当下，改变未来。在面向未来教育时，学校与教师的职责是让学生为他们的未来做好准备，以获得更大的成功。本书为K12教育系统开启了教学与学习的全新设计。

- 如何打破传统教学壁垒，为学生提供深入探索的学习机会？
- 如何实施精确的学习任务，帮助学生为未来做好准备？
- 如何提供有针对性的反馈，使技术可以提高学习参与度？
- 如何设计以学生为中心的学习空间？
- 如何建立集体愿景和塑造学校文化？

埃里克 · C. 申英格　学习技术和教学领导专家，国际教育领导力中心（ICLE）副合伙人和高级研究员，Adobe教育领袖，畅销书作家。

在此之前，他是全球公认的创新实践学校——美国新米尔福德高中备受赞誉的校长。他成功领导了学校的变革，改变了学校的学习文化，同时提高了学习成绩。

托马斯 · C. 默里　卓越教育联盟项目未来预备学校的创意总监，畅销书《真实性学习：如何设计体验式、情境式、主动式的学习课堂》作者。

他倡导以学生为中心的个性化学习与真实性学习，同时引领着面向未来的数字化学习。他被教育策略机构（PR with Panache）评为“2017年度教育思想领袖”。